De lütt Bökerie

Wilhelm
Schmidt-Fischerbrook

Ick will Juch wat vertellen …

Plattdeutsche Märchen, Rätsel,
Läuschen, Geschichten
und Gedichte

Ausgewählt und herausgegeben
von Anna-Margarete Zdrenka

Mit Illustrationen von Werner Schinko

Hinstorff Rostock

ISBN 3-356-00170-1

© VEB Hinstorff Verlag Rostock 1988
De lütt Bökerie 9
1. Auflage 1988. Lizenz-Nr. 391/240/25/88
Printed in the German Democratic Republic
Einband: Werner Schinko
Gesamtherstellung: Grafische Werke Zwickau
Bestell-Nr. 522 898 1

00680

Schiffermärchen und Seemannssagen – neu erzählt

Wurvon is dat Seewater so soltig?

Ick hew de Geschicht von'n Nurmann hürt. Dor sünd mal twee Bröder west. Dei wahnten dicht tosamen. De een hett Lars heeten un is riek west, un de anner wier arm. Dat wier Hans. De riek Broder wier, as dat männigmal vörkamen sall, bannig gizig. Dat wier kort vör Wihnachten. »Heiligabend – Vullbuksabend« heit dat jo ümmer. An dissen Abend sall sick Minsch un Veih mal richtig satt eeten. Bi Hans in'n Hus wier aewer Kaek un Rökerwiemen leddig. Hei makte sick dorüm up den Weg nah sienen rieken Broder un höll an, hei süll em doch en beten inpacken an Eetworen, dat sei Wihnachterabend wat to leben hadden, hei mit sien välen Kinner.

De riek Broder fohrte Hans bannig an: »Dor steihst du nu. Hest doch en Luderwirtschaft! Wur sall ick di nu man wedder los warden? Na, dor hest du een för allemal 'ne Sied Speck, dor kannst du mit nah de Höll reisen!« – »Ja«, säd Hans, »schönen Dank ok, dat will ick don.« Denn hei glöwte giern, wat em de Lüd säden, un ging aw. Hei güng aewer nich den Weg nah Hus,

5

ne, annersrüm, von Hus weg, denn hei wull fragen, wur de Höll wier.

Hei güng ümmerto. Toletzt dröp hei so'n ollen Mann, dei an so'n lütten Barg graben deed. »Na, wur wist du denn hen, dat du üm diese Tied noch dissen Weg geihst?« fróg de Oll, denn dat wier all Abend. – »Je«, säd Hans, »mien Broder hett seggt, ick süll mit disse Sied Speck nah de Höll reisen. Ick weit aewer nich, wur dat is. Ick ward dor ok woll nich so licht henfinnen.« –

»Oh, dor kümmst du woll hen«, säd de Oll, »den Weg will ick di woll wiesen. Gah man in dit Lock rin, wat ick graben do. Dat is deeper, as dat utsüht. Gah man solang'n wieder, bet di wat begegnen deit.« –

Hans packte fix sienen Speck god in un makte sik sülwst so lütt, as dat jichtens gahn wull. Denn hei dachte: »Dat ward bannig eng dor sien.« – Dat wier aewer gor nich eng, dor wier Platz in Massen. Dor hadden noch väl Lüd densülwigen Weg gahn künnt. Toletzt keem hei an en fürchterliches Füer. Dat wier midden in 'n Weg anbött. Un dat wier 'ne Hitt, dor hadd'n en Ossen an braden künnt. Als Hans nipper tokieken ded, sehg hei so väl lütte Düwels, dat hei sick wunnern ded. De Diere danzten üm dat Füer un sprüngen em to Liew un wullten seihn, wat hei denn eigentlich in sienen Sack hadd. »Je«, säd Hans, »dor heww ick 'ne Sied Speck in. Mien Broder hett mi seggt, ick süll dormit nah de Höll reisen. Hier is jo woll de Höll, as mi dat vörkümmt. Willt Ji mi nu eegentlich den Speck awköpen?«

»Dat dröppt sick fein«, säden de Düwels, »Speck

is grad, wat wi bruken kaenen. Düwel un Swien hebb'n jo all von Aellers her tosamhus't. Wi willen di disse Maehl dorför geben.« Un dorbi böden sei em so'n Ort Kaffeemaehl an.

»Ach, wat sall ick mit de oll Maehl«, säd Hans, »ick heww ja keen Bohnen, dei ick dormit mahlen künn.« –

»Dat is mit diss' Maehl anners, as mit anner Maehlen«, säden de Düwels, »wenn du keen Bohnen hest, denn brukst du blots doran to denken, dat du weck mahlen wist, denn mahlt sei di weck. Sei mahlt di ok nich blots Kaffeebohnen, ne, up diss' Maehl kannst du alls mahlen, wat du jichtens wünschen deist. Sei mahlt di alls lik fix. Un wenn du genog dorvon hest, denn brukst du blots drei Würd so seggen, denn steiht sei wedder still. – Kumm her, ick segg di de drei Würd in't Uhr!« Un dorbi tuschelt hei Hansen dat ok to, twei Würd säd hei em in dat linke, dat letzt Wurd in dat rechte Uhr.

»Wenn dat so is«, säd Hans, »denn langt mi de Maehl man her. Väl schönen Dank ok, de drei Würd will ick mi woll marken.« Un dormit güng hei mit sien Maehl aw. –

Na, as Hans wedder an Hus keem, wier dat jo all lat. Un sien Fru schüll lütt un grot: »Wo, to'm Düwel, hest du denn wedder stäken? Nu is dat all Midd'nnacht vörbi. Wi hadden an'n Wihnachterabend doch ok giern en beten Godes in'n Liew hatt! Du wust jo doch wat to eeten halen? Du weißt doch, dat wi ok nich dat mindste in'n Hus hebben? – Wat draehnst du dor, du Faselhans? – Mi is de Abend as ne halw Ewigkeit vörkamen. Ick dacht gewiß, di wier en Unglück to-stött …«

»Aewer, leiwe Hanne«, säd Hans, »nu si doch blots en Ogenblick still. Lat mi mal wat vertellen! Ick bün würklich bi'n Düwel west. Ick kam jüst von em her ut de Höll. Un dor debb'n sei mi ok wat mitgeben. Kiek mal her, diss' Maehl heww ick von den Düwel kregen. Dat is een, de wi bruken kaenen!« – Hanne bekeek sick dat Ding un säd: »Ja, Hans de Maehl is echt god. Man wat sall sei uns? Wi hebb'n jo keen Bohnen in't Hus!«

»Je«, säd Hans, »de Bohnen möt de Maehl sülwst liewern, so is dat awmakt.« –

»Denn is dat wat anners«, säd Hanne, »denn kaenen wi hüt Abend noch ne schön' Tass' Kaffee drinken. Aewer en Happen Brot un en beten Licht wier uns woll noch nödiger. Wi möten hier jo Wih-nachterabend in'n Düstern sitten.« –

»Oh«, säd Hans, »dat kann de Maehl ok mahlen. »Un hei säd to de Maehl: »Mahl mal Licht!« Gliek keemen Lichter, un sei stickten sei an. Nahst müßt de Maehl Brot mahlen. Un een Brot nah dat anner trün-nelte run. Dat güng so flott un dat sammelte sick so, dat Hans bald seggen deed: »Nu kamen wi en Tied-lang ut!« – »Ja«, säd sien Hanne, »dien Broder Lars hett nich halw so väl in'n Hus', wenn dor backt is. Wat de Maehl uns ok woll Bodderkoken un Weitenstuten, mit Rosinen in, mahlen kann? Denn hadden wi alls to'n Wihnachtsfest.« – As ok Bodderkoken un Weitenstuten farig stünen, mihr as to 'ne Hochtieds-köst, fróg Hans: »Hest du noch anner Saken nödig?

8

Denn segg dat man gliek, nu is de Maehl eenmal in'n Gang.«

Na, dor fehlte jo allerlei. Bitterarm wieren sei jo west. Dorüm mahlte de Maehl Pött un Pann', Glas- un Steengod un Krös' (Krüge) un Kannen, un sülwern Lepels un sülwern Bäkers, Metze un Gawels, alls ut blankes Sülwer. –

»Ick meen, Hans«, säd de Fru, »nu süllten wi uphollen laten! Wi hebben jo all so väl. Dor kaenen wi jo en grotes Fest mit awhollen.«

»Dat is ne gode Idee«, säd Hans, »dat willen wi, en grotes Fest fiern.« Hei let de Maehl noch orndlich en poormal utschüdden, dunn säd hei dat awmakt Wurd, un dunn stünn sei wedder still. –

Nu löp sick Hans binah de Been aw allerwegens in'n Dörp rüm un lad'te in: Wat sei nich so god sien wullten un an'n tweeten Wihnachtsdag un ok den tweeten Festabend em un Fru Hanne bisöken wullen. Hei lep dat ganze Kaspel (Kirchenspiel) aw und lad'te in. Un jedweren wunnerte sick. »Wat will hei uns laden!« säden s', »hei hett jo nich dat Solt in de Supp.« Un de meisten dachten: »Hans is verrückt worden.« Hans güng ok an sienen Broder nich vörbi, dankte em nochmal vör dat letzte Mal un säd ok to em: »An'n tweeten Festdag hewwen wi väl Bisök, denn künnst du mit dien Fru ok man en beten raewerkamen, wenn du so god sien wust.« –

Den Broder sien Fru paßte god to em. Sei wier ok so 'n Giezhals. Wur sei wat ümsünst kriegen künn, lang' sei to. »Man wat sall'k dor hengahn?« dachte sei, »dat's jo de Möh nich wiert!« So dachten noch mihr

Lüd un bleeben to Hus. Aewer orndlich weck wieren doch nieglich un kaemen. Un dei stünnen, as wieren sei aewer 'n Lepel balbiert un hadden Naes un Uhren dorbi verluren. Dat hadden s' nich dacht, dat dat so bi Hans utseihn ded, alls blitzenblank von Sülwer un Blankgeschirr un to eeten un to drinken so väl, dat würden sei gewiß nich aewer. –

Wat Hans sien Broder wier, dei güng den Nah-middag jüst mal ut de Dör un wull mal in't Weder kieken. Dunn seeg hei dat, wur dat bi Hansen sien Hus vull Lüd lopen ded. Hei kratzte sienen Dickkopp, güng wedder rin un vertellt sien Fru, wat dat bi sienen Broder Hans man so von Lüd wimmeln deed. Dat künnen sei nich begriepen, wat all de Gäst dor wullten. Na, de Fru würd jo bannig nieglich un meinte: »Je, wi kaenen jo ok mal up'n Sprung raewergahn.« –

As se nu rinkeemen, reeten sei Mul un Ogen liek wiet apen, denn wat sei dor do seihn kreegen, dat hadd so rieklich keen Hus in de Gegend. Sei würden gliek to Disch beden. Lars aewer hadd keen Tied bi dat Eeten, bi de ierst Gelegenheit kreeg hei sienen Broder Hans an de Sied un säd: »Wat heit dit?« Un wat bedüd't dit? Hest du Geld stahlen orer hest du wat funnen? Segg mi, wur du dat her hest!« –

»Dat will ick di woll vertellen«, säd Hans, »du haddst mi doch den Speck geben, as ick bi di wier un üm en beten Fleesch to Wihnachten bed. Du säd'st jo to mi, ick süll dormit nah de Höll gahn. Dat hew ick denn ok dan. Un de Düwels, kiek, dei hebben mi dor den Speck awnahmen un hebben mi dorvör 'ne Maehl geben. Dat 's so'n anner Ort von Maehl, dei kann alls mahlen, wat du verlangst. Un dat best is, du brukst ierst gor nicks rintoschüdden, sei liewert alls sülwst un mahlt di, wat du man hebben wißt.«

»Leg' du anner Lüd wat vör, aewer nich mi«, säd de Broder, »wies mi de Maehl mal her. Ick will sei di awköpen!«

Na, un dor wieste Hans em de Maehl.

»Wat wißt du dor för hebben?« säd sien Broder.

»Je«, säd Hans, »so ganz billig kann ick dei nich weggeben. Ick wull sei eegentlich gor nich verköpen, aewer wiel du mien Broder büst, denn sast du sei hebben. Aewer dreihunnert Daler möt sei kosten.«

»Oh, Hans«, säd sien Broder, »dat is jo heil väl Geld, en beten billiger möst du sei mi laten.«

»Ne«, säd Hans, »dor is nicks to maken. Keinen Schilling billiger ward sei verköfft. Un ierst will ick sei sülwst noch 'n halw Johr behollen un mal seihn, wat sick in de Tied noch all mahlen lett. Naher kannst du sei kriegen.«

Na, wenn dat em ok swor würd, de riek Broder müßt hiermit tofreden sien. Dat würd em bannig suer, soväl Geld to bitahlen, aewer hei künn dat toletzt gor nich mihr seihn, dat sien Broder de Maehl hadd. Un as dat Harwst würd, dunn kreeg Hans sien dreihunnert Daler, un sien Broder kreeg de Maehl. Dei füng nu an to räken: Nu künn sien Fru god ümmer mit to Feld'n gahn un brukte nich ümmer den ganzen Dag in'n Hus to kaekern. Dat wier en groten Vordel. Hei brukte denn blots Middags to Hus to rönnen, de Maehl in'n Gang bringen, un dei künn em denn in Handümdreihn dat Middageeten trechtmahlen. – So würd denn dat ok awmakt. Den iersten Dag wullten sei Plummen un Klüten eeten. As de Bed'klock Middags slag'n ded, löp Lars fix to Hus, dreihte de Maehl an un säd: »Maehl, mahl Plummen un Klüten!« – De Maehl füng ok gliek an to knarren un mahlte rasch Plummen un Klüten fein dörchenanner. Hei sett'te en Schal nah de anner ünner, aewer dat duerte nich solang'n, dunn wieren Pött un Schalen vull. Dunn släpt' hei en Fatt nah dat anner ran. »Ick kann dat jo för de Swien inschüdden, dat warden sei woll maegen«, dachte hei. Un de Maehl mahlte wieder. As hei ok all sien Emmers vull hadd, dacht' hei: »Nu is dat woll genog. Nu kamen wi en Tied lang ut!« Un nu wull hei, dat de Maehl wedder stillstahn söll. Aewer sei wull nich. Sien Broder hadd em dad Wurt nich seggt, dat hei dorbi seggen müßt. Hei hadd em ok nich dorna fragt. »Ick will sei man fasthollen«, dachte hei, »sei is jo nich grot.« Aewer dat künn hei nich. Hei plagte sick dormit aw, aewer dat hülp em nich. As hei sick möd hollen hadd, hadd sei all soväl mahlt, dat hei bet an de Mag' in Plummen und Klümp stünn.

De Fru in'n Feld' würd de Tied all lang, dat ehr Mann ümmer noch nich to'n Eeten ropen deed. Sei steeg up den Rämel un keek to, wat hei noch nich winken deed. Dunn seeg sei, wur hei ut dat Hus rönnen deed, un dunn hürte sei em ropen, sei süllen doch blots endlich an Hus kamen, hei müßt Hülp hebben. Hei alleen künn de Maehl nich hollen. –

As sei keemen, hadd de Maehl dat ganze Hus all vullmahlt. De grot Dör aewer künn dat nich aw, sei platzte voneen, un dor schöw sick en Strom von Plummen un Klüten in den Hof un Goren. Nu würd em doch bang un em föll in, dat dat doch woll am besten wier, wenn hei na sienen Broder Hans schicken deed. »Ja«, säd Hans, »still will ick sei woll kriegen, aewer denn möst du mi de Maehl weddergeben.« —

Wildeß sei nu verhannelten, mahlte de Maehl ümmer lustig wieder. De ganze Hof wier middewiel all vull, vull von Plummen un Klümp. Nu müßt hei seggen, wat hei wull. Wenn hei sien Hofsted bihollen wull, müßt hei de Maehl fohren laten. Sei würd dorüm to'n Stoppen bröcht, un Hans nehm sei wedder mit. Nu geew dat jo väl to don, dat sei Hus un Hof wedder rein kregen. Lars un sien Lüd aewer hadden den ganzen Harwst to don, in dat Plummenunklütenbargwark. Dat wier keen moy Arbeit, denn dat füng dor bald an to stinken. Dat Slimmst aewer wier, dat dat anner Arbeiten dorbi versümt würd, hei kreeg sien Aust nich ünner Dack. Dat wier en Slag, den de riek Broder gor nich wedder verwinnen künn. As dat Winter würd, hadd hei keen Foder für dat Veih. Een Stück nah dat anner föll em üm. Un dat End'n wier, dat ut den rieken Mann een armen Mann warden deed. — Aewer Hans kreeg ümmer mihr Göder un würd god in de Wehr. As sien Hus to lütt würd, mahlte hei sick enen richtigen Staatshof. Den' hadd hei baben up so'n Barg hensett, dicht an de See. Dat Dack wier ut reines Gold. Dat blitzt' und blänkert' wiet in de See. De Lüd up See künnen sick dorna richten, so schiente dat. Un all, de dicht doran vörbikeemen, güngen an Land un wullten sick dat Hus mit dat Golddack biseihn.

Eenmal keem dor en Kaptän, een Nurmann. Dei segelte mit Soltfrachten un frög Hans, wurvon hei denn so riek worden wier.

»Je, riek bün ick jo nich grad«, säd Hans, »aewer ick hew 'ne Maehl, dei kann alls mahlen, wat ick mi wünsch.« –

»Ja«, säd de Schipper, »wenn een so een Maehl hett, dat is all wat wiert. Kann sei den ok Solt mahlen?« –

»Dat kann sei natürlich ok«, säd Hans, un leet sei mahlen, ierst fien Solt un nahst grow Solt, so as hei dat wull. –

Dunn makte de Schipper grot Ogen. »De möt ick di awköpen, Hans«, säd 'e, »dat kost, wat dat kost't. Szüh, wenn ick de Maehl hew, denn kann ick mien ganzen groten Seereisen sporen, denn dat is bannig wiet nah de Soltklippen.«

»Je«, säd Hans, »unner dusend Daler geew ick de Maehl nich weg.«

Dat wier jo nu bannig väl Geld. Aewer de Schipper bitahlte doch furts richtig ut un güng mit sien Maehl aw. Em güng dat aewer jüst so as den rieken Buer, hei dacht gor nich doran, sick wohrschuen to laten, wur hei dat maken müßt, wenn de Maehl wedder stoppen süll, wenn sei in'n Gang bröcht wier. As hei wedder up See wier, leet hei de Maehl anfangen. Ierst müßt sei grow Salt mahlen, un as hei dorvon genog hadd, fien Solt. Dat Solt würd furts wegstaut. Hei leet solang'n mahlen, dat sien Schipp so deep weg liggen deed, as dat eben güng. As man noch en Plank aewer Water wier, wull hei de Maehl awstellen. Aewer wur hei sick dorbi hadd, hei bröcht dat nich farig. De Maehl deed, as wenn sei em nich verstahn deed, un mahlte ruhig wieder.

Hei rep nu dat ganze Backvolk tosamen. Sei stemmten sick mit ganze Kraft dorgegen, aewer sei kunnen de Maehl ok nich en beten stoppen.

Nu füngen sei an, von de Ladung aewer Burd to smieten. Aewer sei kunnen nich so väl smieten as de Maehl mahlen deed. Dat End'n wier, dat sei toletzt awsacken deeden. De Maehl aewer sackte mit aw. Awstellt wier sei nich, un dorüm mahlt sei hüt un dissen Dag noch ümmer los. Un dat kann jedwereen ok doran seihn: Wurväl frisch Water ok ümmer von alle Sieden in de See lopen deit, de See is ümmer liek soltig.

Wurüm de Maischull so'n scheiwes Mul hett

De Fisch wieren mal all tosammenkamen, baben Insel Poel wier't. Sei wullten nu ok een König hebb'n. – De süll König sien, so würd awmakt, dei am düllsten swemmen künn. – Dwaß von de Poeler Lotsenstatschon wier dat Mal. Un wer toierst an'n Warnemünner Spill ankamen deed, dei süll König sien. Na, sei hadden nu all 'n düchdig End'n swumm'n, dunn frög de Maischull: »Wer is vörn? Wer is de ierst?«

»De Hiering is vörn, de Hiering is vörn!« röpen de Swemmers, dei am wiedsten vörut wieren.

»Ach, Gott, de Hiering? Wat's dat för'n König?« säd de Maischull un trök dat Mul in de Prünt. In dissen

16

Ogenblick stödd de Bedklock in Doberan, un –
bumms – bleew dat Mulwark von de awgünstig Mai-
schull bestahn. Dat steiht ehr noch hüt un dissen Dag
in de Prünt, denn wenn de Bedklock stött, dörft een
den Mund nich vertrecken, sünst bliwt he so bistahn. –

De Geschicht von den Schipper,
dei verheirat't west is

Käppen Voß keem von lang'n Reis' trügg un dröp
sienen Fründ Käppen Blotwust in de Dünen, dei süng
un sprüng un schöt Koppheister vör Vergnögen.

»Gun Dag, Blotwust«, säd Käppen Voß, »wurvon
büst du denn so vergnögt?«

»Je, weißt du, Vössing, ick bün so vergnögt«, säd
Käppen Blotwust, »denn ick hadd mi verheirat't!«

»Dat is jo ok 'ne Freud«, säd Voß.

»Ne«, säd Blotwust, »dat wier grad so'n grote Haeg
nich, denn de Olsch hadd Hor up de Tähnen, un en
Drak wier sei ok.«

»Dat is jo denn slimm«, säd Voß.

»Ach, dat wier so slimm nich, denn sei hadd God un
Geld, un en hübsches smuckes Hus hadd sei ok«, säd
Blotwust.

»Dat is jo denn ganz got«, säd Voß.

»Ach ne«, säd Blotwust, »dat wier gor nich so got,
denn wi hebb'n Füer hatt, un dat Hus is verbrennt un
alls, wat wi hadden.«

»Dat is denn jo würklich slimm«, säd Voß.

»Ach, ne«, säd Blotwust, »dat wier nich so slimm, denn de Ollsch is ok mitverbrennt!« –

De Geschicht von den Fischkönig

Ja, kiek man, de Fisch hebben ebenso god ehren König as de Minschen. Von den Löwen vertellt man jo ok, dat hei de König sien sall von all de vierbeinten Diere, wurüm sall dat denn keenen Fischkönig geben? De Fischers, von dei ick seggt hew, hebb'n em sogar all mal fungen. Un dat güng so to.

De Fischers keemen mal all tosamen, ick meen dat wier in Wustrow, un makten aw, sei wullen allmiteennanner mal utfohrn un all de Fisch fangen, dei aewerhaupt in dat Haff in wieren. De Mündung nah See to wullten sei mit Netten awsparren un naher all in'ne Reihg dat Haff awfischen. Dat hebben sei denn ok dan. Wat in ehr Netten wier, un dat wier nich wenig, dat würd all in de grötst Boot, dei sei hadden, rinschüdd't. Dat Boot wier all bet an'n Rand vull, aewer sei säden: »Noch sünd de Fisch nich all. Eenen Togg willen wi noch maken!« – As sei dat deeden, füngen sei een Ungeheuer von Hekt. De Hekt hadd man een Og, aewer dat wier so grot as'n Kalwerog. Dat wier de Fischkönig, hei heet »Eenog Hauer«. As de Fischers dat gewohr würden, geew dat een Striet. Weck säden: »Eenog Hauer, den dörben wi jo nich fangen, den möten wi jo wedder rinsmieten.« Weck aewer säden: »Mit fungen – mit hungen, rup up den Hümpel!« – As

18

sei aewer Eenog Hauer up den Hümpel smieten deeden, kippte dat Fohrtüg üm, un Eenog Hauer un all de annern Fisch, dei sei fungen hadden, wieren wedder frie. De Fischers hadden nicks, wat sei an Hus bringen künnen. Ehr Raffgier hadd ehr bös ansmeert. –

Drei Herrlichkeiten

Dat is nu all so lang'n her, dat is bald nich wohr, dunn wier dor'n König, dei hett drei Jungs hatt. Hei keem all dull in de Johren, un de golln Kron', dei hei blots afnehmen deed, wenn hei nah'n Angeln güng (sei wier em mal dorbi tau Water follen, un dat harr en Barg Knaep kost't, dat hei sei aewerhaupt werre rutfischt kraegen harr), würd em all dull drücken. Hei müggt nich mihr König wesen, je, aewer wecke von de drei Jungs süll nu för em König warden un de swor Kron' drägen? Uppaßt harren sei all drei all dat güllen Stück. Dor leeg dat nich an, de Kopp för de Königskron' wier bi all drei dor.

»Je«, säd de König, »so kann ick sei keinen von juch geben: Dat is in uns' Land kein Mod' nich. Hier is dat ümmer so west, wer de Königskron' hewwen will, dei möt sei sick verdeinen. Nu saelt ji mal losgahn in de Welt. Een rund Johr. Un wer von juch mi nu de drei besten Herrlichkeiten up de Welt mitbringt, dei sall König warden un de Kron' hewwen.« – De beiden öllsten Bräuder sünd nu gliek losreden. Jere von de

Prinzen harr saeben Rieders mit. Hans, wat de jüngst Prinz wier, un dei so langn ümmer de Schaap hött harr, güng noch mal tau Feldn an. De oll Scheper, dei den Jung lieden mügg, wiel hei ümmer idel gaud tau den ollen Mann west wier, säd: »Dat is nett von di, Prinz, dat du mi ok noch adschüß seggst. Dat nehm ick di gaud. Dat kann'n gor nich weiten, wat ick hier noch Schaapskrinten tweipedden dau, wenn du werre trügg kümmst. Un dat is ok all vörkamen, dat de best Mann föllt un find't nicks. Du mötst ja König warden, wenn dat mit rechten Dingen taugeiht. Man Vörsicht is beter as Nahsicht, un bistahn will ick di ok. Dat hest du verdeint. Süh, dorüm will ick di dees drei lütt Büdels mitgeben. Lat sei aewer ümmer tau unner- wegens. Wenn du werre trüggkümmst, un du hest kein anner Herrlichkeiten funnen, sall de König sülwst dat Siegel runne nehmen un taukieken, wat woll in de Büdels in is. – Man unnerwegens sast du sei bruken un künnig warden, wat sei wat daegen. Wenn du'n grot Wark vör hest, wat Minschenhändn nich dwingen kaenen, denn nimm de Büdel Nr. 1 in de linke Hand un segg: ›Help mi, Nr. 1!‹ Wenn du in'n Druck büst un weißt nich, wecke Weg de richtig is, denn helpt di Nr. 2. Un Nr. 3 sast du blots in de linke Hand nehmen, wenn dat üm Dod un Leben geiht, un denn seggst du: ›Helpt mit, all Dusend!‹«

»Ick bedank mi ok väl mal«, säd de Prinz. »De oll Mann kann am En'n doch mihr as Brot eten«, dacht hei, »ick hew dat jo all ümmer vertellen hürt, man ick hew ümmer glöwt, dat wier so'n Tünbüdelkram. Nun is't am En'n doch wohr, wat de Lürd tuscheln.«

Na, un den annern Morgen is hei ok losreden. Ümmer wieder in de Welt rin. Von de Herrlichkeiten in ehr hett hei aewer narrens soväl tau seihn kreegen as bi den König Löwenhart in'n Nurdland. Sien Vadder, ick mein den Prinzen sien Vadder, harr jo ok allerhand an Gold un Sülwer un Eddelstein, aewer wat de Prinz hier tau seihn kriegen deed, ümmer einen Keller vull bi den annern, as wenn dor gor kein En'n in wier, dat wier doch heil väl mihr. »Soväl Gold un Diamenten, dacht ick«, säd de Prinz tau den Schatzmeister, »geew dat gor nich up de Welt. Wur is't einmal maeglich!«

»Ja«, säd de Schatzmeister, »naug is't. Dat is soväl, dat kann de König gor nich verbruken. Aewer de König hett dor blot gor kein Freud an. Hest em all mal lachen seihn, Prinz?«

»Je, ick denk'«, säd de Prinz, »wer soväl Herrlichkeiten hett, dei kann woll lachen. Aewer lachen hew ick den König ok noch nich seihn. Will em doch mal sülwst fragen, wo dat an liggt.«

Dat hett hei denn ok dan. Man de König hett seggt: »Wat sall ick mit all de Herrlichkeiten? Herrlicher as all dat wier mien Dochder, mien einzigst Kind. Un dissen Schatz, den wi nich richtig häud't hewwen, krieg ich woll nich werre tau seihn.«

Un nu kreeg Hans dat all tau weiten. Wur en Ries' de Dochder rowt harr. Wur hei sei wegslaept harr up 'ne Insel. Kein Schipp keem dor an. – Denn de Wach' an den Strandn höllen saeben Hundn, dei wieren grötter as Löwen un dei pus'ten aewer den See. Dor würd jedwer Schipp trüggpus't. Woväl Helden harren't all versöcht! Aewer dat wier nicht tau schaffen.

Ja, un dunn säd Hans, dat hei't woll versäuken wull. Hei wull dorför sorgen, dat de König un de Fru Königin werre lachen künnen. Dat künn'n jo gor nich mit anseihn. Dat brök einen jo dat Hart. –

»Ach, Hans«, säd de König, »wenn dat man wat ward! Dat wier jammerschad', wenn di de Hundn ünnerkriegen würden, so'n gauden Jung, as du büst!«

»Je«, seggt Hans, »ick hew gaud' Helpers mitbröcht. Versäuken will ick't. Kannst jo mitkamen mit dien Ministers. Morgen früh, wenn de Sünn upgeiht, fang ick an!« –

De Nacht hett Hans, dat kann'n sick jo denken, nich väl slapen. Hei hett ümmer grüwelt, wur hei't woll maken künn. Aewer rut kreeg hei dat Radels nich. »Je«, dacht hei, »wenn ick't gor nich weit, wecke Weg de richtig is, denn sall ick jo Nr. 2 fragen.« Hei stünn up, snallte sienen Mantelsack up un nehm den lütten Büdel Nr. 2 in de linke Hand: »Help mi, Nr. 2!« säd hei. – Dat duerte nich solangn, dunn keem dor 'ne grote Uhl in't Finster tau fleigen. »Na, Hans«, säd sei, »wat wist du denn weiten?« Je, wur hei nah de Riesen-insel raewerkamen deed.

»Mötst Schipp an Schipp bugen, Hans«, säd de Uhl, »man so'n, dei kein Segels bruken, un dei sick nich trüggpusten laten.« Un dormit wier de Uhl ok all werre weg. »So 'n Schipp giwt jo gor nich«, dacht' de Prinz, »aewer wenn't de Uhl seggt hett, mag't woll angahn. Denn will ick de Sak man ierst mal aewerslapen.«

Den annern Morgen, as de Sünn upgahn deed, wier de König un sien Ministers un sien Generals un woll dusend Soldaten an'n Strandn. »Dit is aewer 'n ganz swor Stück«, dacht' Prinz Hans, »wur kam ick hier blots dörch?«

»Je, Prinz«, säd de König trurig, »Abendred' is kein Morgenred'. Ick will di dat ok nich aewelnehmen. Dien gaud Hart is di aewer de Tungen lopen. Aewer schaffen wardst du dat doch woll nich!«

»Half weit ick't all, wur't angahn warden möt. Wi möten Schipp an Schipp bugen, dei gegen den Wind angahn kaenen!« »So 'n Schipp hew ick noch nich seihn«, seggt de König trurig. »Ick ok nich«, seggt Hans, »aewer ick hew'n Helper.« Un dormit langt hei in de Tasch, halt den Büdel Nr. 1 rut un seggt: »Help mi, Nr. 1!«

Dunn fangt dat dor an tau klappern an'n Strandn un in de Bargen, as wenn hunnertdusend Mann dor timmern un kloppen. Hans höllt ümmertau wiß. Un dat duert ok nich solangn, dunn kümmt dor en grotes Schipp an, hett kein Segel un nicks. Un dick' Damp un Rook kümmt ut en groten Schostein. »Help mi, Nr. 1!«, seggt Hans werre, »en so'n Schipp is nich naug, dat möten mihr sien!« – Werre kümmt dor ein Damper, noch einen, noch einen, saeben Stück! –

»Nu is't so'n Deil«, seggt Hans tau den König, »wist du mit ore wist du hier so langn blieben?«

»Ne«, seggt de König, »dor gah ick mit!«

Sei gahn jo nu all an Burd, Hans un de König un de Ministers un de Generals, 600 Offiziers, 370 Unneroffiziers un 30 Gemeine. Un nu geiht de Fohrt nah de

Rieseninsel los. De saeben Hundn, as sei de Dampers kamen seihn deeden, füngen an tau blasen, wat dat Tüg man hollen wull. Aewer de Dampers höllen Kurs un keemen neger un neger. Man ganz ran künnen sei doch nich kamen. Jere von de saeben Hundn harr sick jo woll ok en Schipp vörnahmen un pust em den Wind so direkt vör de Staeben, dat sei nich von de Städ kamen wullen. Un de Ries' stünn dor mit sien grot iesern Plumpkül un lacht.

»Help mi, Nr. 2!« säd Hans, »Ick weit nich wieder«. – Dunn keem de Uhl werre un säd: »Denk doch ok an Nr. 3, Hans, nu geiht dat jo up Leben un Dod! Kiek mal, nu stiggt de Ries' tau Water an. Dei haut all de Damper in'n Dutt!«

»Helpt mi, all Dusend!« säd Hans. Je, un dunn gew dat 'n Brummen un Summen un Snürren, as wenn saeben Döschmaschins losgahn wieren. Dat wieren Hornissen. Weck greepen den Riesen an, dat hei nich mihr wüßt, wat vörn un wat achter wier. Un de annern, dei makten sick an de Hundn, kröpen ehr in de Uhren, piekten ehr up de Tungn. De Tungn swüllen an. Nu süllen sei dat Pusten woll blieben laten! Sei kneepen den Start twischen de Bein un jaulten, as wenn sei'n Fell vull kreegen.

Nu keemen de Dampers bettau. Hans sprüng tau-ierst an Land. Den Riesen brukte hei gor nich mihr an't Mager tau gahn. Hei gew sick gefangen.

Un de König? Dei harr gor kein Tiet. Sien leiw Döchting leep em all in de Möt. Dat wier 'ne grote, ganz grote Freud', dat sei erlöst wier un sei sick werre harren. –

26

Nu is woll gor nich mihr väl tau vertellen! Hans un de Prinzeß wieren sick gliek einig. Un den Intog in de Stadt harren Ji seihn süllt, as Hans un sien Brut un de König un de Ministers un all de Generals, de 600 Offiziers, 370 Unneroffiziers und de 30 Gemeine mit den Riesen ankamen deeden. Un as de Prinzeß de Königin-Mudder un ok Hans küssen deed, dunn sünd dor soväl Tranen weint in de Stadt, sei hewwen den Dag den Sprengwagen insport. –

Natürlich würd jo nu ierst Hochtiet fiert. Un dunn würd anspannt. Saeben mal saeben Kutschen wier de Tog lang. So führten sei all nah Prinz Hans sien Land, nah Hans sienen Vadder.

De beiden Bräuder wieren all dor. Aewer wat sei ok an Gold un Sülwer un Diamanten mit nach Hus' bröcht harren, gegen Hans keemen sei jo langn nich an.

Prinz Hans un sien Vadder wieren aewer för Ordnung. Jere müßt siene Herrlichkeiten wiesen. Dei Bräuder packten jo nu ut. Man Hans halt sien drei lütten Büdeln rut un säd: »Ditt sünd mien Herrlichkeiten. Nieglich bün ick aewer doch, wat dor woll in is.«

Un wat wier dor in? In Nr. 1 'ne Kahl.

In Nr. 2 en lütt beten Solt. In Nr. 3 wier en Stück Iesen. »Ja, Kinner«, säd de König, »dat sünd woll de besten Herrlichkeiten, de en Volk sick wünschen kann. Wenn wi Kahlen hewwen, denn kaenen wi schaffen un warken un riek warden. Wat dat Solt wiert is, würden wi denn wull ierst gewohr warden, wenn uns dat fehlen deed. Un Iesen? Dat möten wi hewwen, dat wi uns wehren kaenen, wenn anner uns wat willen.«

»Dor liggt noch en lütten Zettel bi«, säd Hans, »de oll Mann hett sülwst upschreben, wat dat all bedüd't:

> De Arbeit ihr' in Stadt un Land,
> Verstand un Klaukheit nimm tau Hand,
> Wenn't not deit, ok dat Iesen,
> Di wehrhaft tau bewiesen!«

Hans müßt jo nu werre trügg mit sien Fru un den König un de saeben mal saeben Kutschen. König tau Hus' künn jo ein von sien Bräuder warden. Un de anner? Je, denn sett't hei up de Rieseninsel as König hen. Un wenn sei dat all so makt hewwen, as de oll Mann dat up den Zettel schreben hatt, denn sall't woll gaud gahn. Denn regieren sei hüt noch.

De Geschicht von den Kock sien rod' Mütz

Dat wier een funkelnagelnieges Schipp, ok moy an-streken in de bunt'sten Klüren, so as dat Mod wier, prächtige Flaggen, frisch von de Ell, un slowitt Segel lachten in den Sünnenschien ebenso vergnögt as all de Passagiers an Burd, dei de ierste Fohrt mitmaken wullen. Dat süll för dat Schipp de Prow'fohrt sien. De Lust- und Prow'fohrt wier aewer an'n Friedag. Dat duerte denn ok nich so lang'n, dunn hadden de välen Damen un Herren an Burd grad mal moy lacht, man dunn füngen sei an to tuscheln, irgend een hadd dorvon vertellt, dat dat Unglück bringen müßt, wiel sei an'n Friedag in See rutgahn wieren. Weck von ehr würden ok all ängstlich, denn de Wind wier middewiel wat stiewer un de See graewer worden. Sei güngen nah den Schipper un verlangten, hei süll wedder ümkihren.

De Schipper griente un säd: »Dat Uemkihren hett keenen Sinn. Dat ward uns' Sak ok nich ännern. Wenn de oll Neptun uns finnen will, denn kriggt hei uns ok, wenn wi ümkihren. Solang'n wi noch een Fot Soltwater unnern Kiel hebb'n, sünd wi in sien Gewalt. Ick hew aewer in so'n oll Bok lest, dat hei tämlich godmödig von Natur is. Wenn dat nich grad ganz hartbrad'te Sünners sünd, dei em beleidigt hebb'n, is Neptunus nich so un lett sick bigöschen, wenn em een friewillig Opfer bröcht ward. Ick will dorüm den Vörslag maken, dat jedwereen von uns ok sien lütt Opfer bringt. Ick sülwst will mal gliek den Anfang maken!« Dorbi hadd hei ok all sien Geldknipp rutkreegen, nehm een Sülweschilling rut un smeet em in de See.

De Damen un Herren an Burd wieren mit dissen Vörslag giern inverstahn. Jedwereen müßt irgend 'ne Kleenigkeit hergeben un aewer Burd smieten. De een deed dat mit Iernst, de anner mit Lachen. Aewer keener würd aewerslagen. Diss' gew 'ne Münz, de anner een Appel orer 'ne Beer, dei hei bi sien Proviant hadd. Un oll Jud Itzig gew sien ganz Frühstück, dat hei jüst vertehrt hatt hadd, un dat würd em gor nich licht, as dat utseihn deed. So güng dat de Reihg nah, un männig Opfer würd mit Hallo un Lachen awliewert. As de Passagiers mit ehr Opferie farig wieren, keem de Reihg an de Mannschaft. Stürlüd, Matrosen un Jungens keemen an, un alltosam fünnen sei wat, dat sei aewer Burd smieten künnen. As aewer de Kock ankamen süll, dei bannig nährig wier, wull hei nich mitmaken un säd, hei hadd nicks wegtosmieten. Sien beten Armot müßt hei bihollen. Dor künn hei nicks von missen. Dunn föll eenen den Kock sien niege Mütz in de Ogen un hei röp: »Wenn hei wieder nicks hett, denn kann hei jo de rod' Mütz aewer Burd smieten!« – Dat geföll dat Backvolk denn nu bannig. Alls schriete nah den Kock sien rode Mütz. De Mütz seet aewer eenstwielen noch scheew un lustig up den Kock sienen Kruskopp. As sei em aewer neger up 'n Liew rücken deeden, dunn würd em bang'n üm de Mütz, dei hei sick ierst to diss' Reis' anschutert hadd. Hei seeg in, wenn hei sei bihollen wull, denn müßt hei sei so bargen, dat sei keener halen künn. Hei wier een ranken un flinken Kierl, wög' nich väl mihr as de Luft un künn kladdern as 'ne Katt. As de Blitz störkte hei up den Timmermann sien Kist los, reet een Hamer un een Nagel rut un jumpte in de Wanten von den Fockmast hoch. Dat geew aewer 'ne vergnögte Jagd. Mit Hallo de lustigen Toppsgasten achteran. As dat aewer ümmer höger güng un de Babenbramsteng'n sick orndlich krumm halen deed, müßten de Gästen man mit de Jagerie uphollen. Alltohop aewer an Burd seegen mit Angst un Grugen un Lachen to, wat de Kock dor baben anfüng. Toletzt seet de Bengel ganz baben, reet den roden Wimpel von'n Topp un nagelte dorför de rod Mütz baben up den Topp fast. Nahst steeg hei ruhig wedder run un säd: »So, wer sei nu

hebb'n will, dei kann sei sick halen!« Dat deed aewer keener, denn dat Schipp makte bannig Fohrt, un de Hals wull keener bi de Sak riskieren. –

In de Nacht aewer füng dat ganz scharp an to brisen. De Segel kreegen sei noch god weg, aewer 'ne lütt Hawerie gew dat noch: De Babenbramsteng'n von 'n Fockmast güng aewer Burd un mit em – den Kock sien rode Mütz. Un dat wier recht so, denn wat de See anlawt is, möt ehr warden.

Radels

Wurväl Arwten gahn in ęinen Pott?
(De gahn nich rin, de mößt rinleggen.)

Wennihr sett' sick de Kreih up'n Bomstamm?
(Wenn de Bom afhaugt is.)

Wennihr smecken de lütten Fisch am besten?
(Wenn' kein grot hett.)

Krüppt in't Holt un bringt'n Mul vull mit. Wat is dat?
(De Bohrer.)

Dat wiest jeden 'n anner Gesicht un hett doch gor kein.
Was is dat?
(De Speigel.)

Wer is de dümmst Vagel?
*(De Aant, wenn se in't Schündur ringeiht,
bückt se sick noch.)*

Was sünd dat för Lüd, dei einen allens för'n Mund
wegnehmen?
(De Balbierers.)

Kann dat twei Dag' hinnereinanner regen?
(Nee, dor möt ümmer 'ne Nacht dortwischen sien.)

Wennihr hett 'n Husfru ehren Kopp nich tau Hus?
(Wenn sei ut'n Finster kikt.)

Wecke Abend fangt all morgens an?
(Sonnabend.)

Wat is nich binnen un nich buten?
(Dat Finster, dat is binnen un buten.)

Weckes Tier is de Katt am ähnlichsten?
(De Kater.)

Dat rüddelt sick un schüddelt sick un makt'n Hupen
ünner sick.
(Das Sieb.)

Ick smiet't in't Water,
kaenen söß Pierd nich wedder rut kriegen?
(Zucker.)

Dat is fardig un ward doch all Dag makt.
(Das Bett.)

Wo wiet geiht de Aant in't Water?
(Bet se swemmt.)

Läuschen, Döntjes un Vertellers

De besten Tieden sünd de Mahltieden

Lütt Fiken Voß wier heil adrett,
Man schad', sei was binah tau fett,
Dat wier nich so, dat sei wier krank,
Ne, ehr smeckt all's gaud, Gott sei Dank!
Ne, sei wier absolut gesund,
Blot alltau kegel-kugel-rund.
Sei müßt nu daun dorgegen wat,
Un makt sick denn ok up de Strat
Nah Rostock nah Perfesser Haas,
De giwt ehr denn, dat is kein Spaß,
'n Zettel mit, wat sei sall eten,
Un dat sei em süll nich vergeten:
Gedrögtes Brot, Rindfleisch utkakt,
Un dit un dat, wat ein sick makt,
Dei scharp nah Vörschrift lewt »Diät«,
Dat sall sei eten früh un spät.
Un anner Mand süll Fik sick mellen,
Bi Dokter Haas sick wedder stellen.
Un as de Tiet nu kümmt ok her,
Steiht uns' lütt Fiken in de Dör.

Perfesser Haas, dei kriggt 'n Schreck:
Denn Fiken hadd nich wen'ger Speck,
Wier breit an Knick un rund an Bussen,
De Ogen wier 'n bald tau ehr wussen. –
De Herr Perfesser kümmt in Fohrt
Un hett lütt Fiken bös anrohrt:
»Hest du dat all genau so eten,
As ick di't säd? Un nicks vergeten?« –
Un Fiken seggt: »Ja, ganz genau!
Uns' Mudding kakte mi dat tau
Un hett dat Brot mi richtig röst't.
Dat wier 'ne hellschen dröge Köst!« –
»Un wieder hest du nicks nich eten?« –
»Ne«, seggt lütt Fik, »ok nich en beten«,
Un kickt so lewlich an den Ollen,
»Blot noch de Mahltied'n hew ick hollen!
Dei lat ick mi ok nich awstrieden,
Dat sünd mien allerbesten Tieden!« –

Sei will'n all läben

Dat Frühjohr keem. De Adebor
Wier mit sien Fru all wedder dor.
De Sünn, de schient, de Heben lacht,
Slarp, slarp, kümmt langs de Strat ein sacht:
Oll Vadder Haas. Un sien Gesicht
Is itel Sünnenschien un Licht,
Dat he noch einmal wedder wunnen,
Noch einmal rin in't Frühjohr funnen,

Nah Winternacht un Winterqual
Belaewt dat wedder noch einmal,
Wo Büsch un Bom sick wedder smückt
Wo't allerwegs nah Blaumen rückt
Un Vagels singt den Frühjohrssang. –
Dor kümmt ok Vadder Voß dor lang.
»Dag, Haasing«, seggt he, »gaud tau Bein?
Di hew'ck jo gore lang'n nich seihn!
Wo hett di dat solang'n denn gahn?« –
Oll Vadder Haas bliwt vör em stahn:
»Je, Voß«, seggt he, »verstah mi recht,
Mi güng dat dissen Winter slecht,
Ick dacht, ick süll dor ok an glöben ...«
»Dor dau man jo noch wat mit töben«,
Seggt Voß, »dat sünd, weißt du, so'n Saken,
Dat kann de Minsch man einmal maken,
Dat Starben hett noch ümmer Tiet ...«
»Je ja«, seggt Haas, »dat wier so wiet,
Ick müßt mi ganz gefiehrlich plagen.
Na, dacht ick, sast mal'n Dokter fragen.
He hett mi ein Rezept ok geben,
Na ja, de Dokter will ok läben!«
»Wat hest in de Aptheik bithalt?
Du kümmst mi vör as frisch verstahlt.« –
»Fief Mark«, seggt Haas, »ein degten Posten.
Na, denk ick, lat dat ok wat kosten,
Ick will't den Kierl von Harten geben,
Aptheikers, Voß, willn doch ok läben!« –
»Na, hett de Medizin denn treckt?
Dat's oft so'n Kram, wat aasig smeckt!«
»Wo s' smeckt?« seggt Haas, »de Medizin?

38

Je, ick nehm doch dat Gift nich in!
Mit so'n Tügs kann'n sick jo vergeben!
Ne, Vadder Voß, ick will ok läben!«

Plummentiet

Swienegel, dei leeg ling un lang
An'n Äuwer, hei wier starbenskrank.
Hei staehnt un hult un staehnt un ror't,
As Dokter Voß dor lang kümmt fohrt.
»Wat is mit em? Wur fehlt em dat?«
Swienegel staehnt blots wedder wat.
Hei hult un staehnt in eenschen furt,
Dat Dokter Voß em all bedurt:
»Tauierst«, seggt hei, »in so'ne Saken
Möt't em vö'rn dat apen maken,
De Bost möt frie furts, Herrn und Damen!
Wurvon is denn de Krankheit kamen?«
Swienegelsch ror't: »Von't Plumenäten,
Woll hunnert hett de Kierl upfräten!«
»So, so?« seggt Doktor Voß un lacht,
»Dat sünd de Plumm'n, dei so maracht't?
Denn lat't de Bost em man in Rauh
Un knöpt em vörn man wedder tau.
Bi Plumm'n, dat sünd denn anner Saken,
Denn möt't ji achtern apen maken!«

Rezept gegen de Gripp

»Wat is mi dit?« seggt Niklas Voß,
»Mit Grippe geiht dat wedder los?
An'n Stammdisch fehlt de halwe Kru?« –
»Dat hett een'n satt' in eenen Nu.«
Seggt Meister Haas, »in disse Saken,
Herr Kapitän, is nicks tau maken.« –
»Un ick segg, Meister, dat's nich wohr!
Dat's rund de Welt ok jeden klor:
Een Düwel lihrt den annern rönnen.
Een möt den Kram man richtig kennen.
Seihns S', will so'n Gripp nah mi mal ran,
kümmt mi so'n lütt Verküllung an,
Denn gah ick stu'r ehr in de Mäut:
Ick köp mi Rum un Zucker säut
Un wat tau'n Grog noch hü'rn för Saken. –
De Ollsch möt heites Water maken
Un möt mi packen in dat Bedd
Un krieg'n den hogen Haut mi her ...«
»Denn hogen Haut? Wat sall denn dei?
Willn ut den Haut Grog drinken Sei?«
So lacht dat an den Stammdisch rund.
»Ji sünd«, seggt Voß, »woll nich gesund
Un sünd dat würklich bald nich wiert,
Dat ji von mien Rezepten lihrt. –
Ne, tens den Fäuten kümmt de Haut,
Recht in de Midd! Dor steiht hei gaud,
Un denn, denn nehm 'ck ahn Knüppel in,
Een Glas Grog nah dat anner swinn.
Un nu möt een nich wiek'n un wanken,

Ok inslap'n jo nich in Gedanken,
Ne, drinken dau ick eben tau
Bet 'ck – drei Zilinners seih dor tau.«

He is klauk, indessen se …

»Adschüß, mien Jöching«, säd de Brut
Un schöw Voß ut de Hofdör rut,
»Juch, morgen stell di wedder in,
Denn morgen sall uns' Hochtiet sien!« –
Voß kleidt den Kopp »Je, Trin«, he seggt
»So'n Hochtiet, dat is woll nich slecht,
Indessen doch – wer 't mag, de mag 't –
Ick hew mi mitdewiel bedacht!«
Un Trin, de schellt un schimpt un rort:
»So'n Esel büst du? So'n Ort?
Wi hewt uns treckt nu soeben Johr,
Un nu is all's mit'n Mal nich wohr?
Lettst mi in Schimp un Schann hier sitten?
Du büst jo wiert ok nich'n Witten!
Du kriggst«, snuckt se, »woll wedder'n Brut,
Wo oewer süht mit mi dat ut?
Ick möt mi in de Ierd' jo schämen.
Wer sall nu noch as Fru mi nehmen?«
Na gaud, se snackt dat sowiet trecht,
Dat Jochen Voß tauletzt ok seggt:
»Dat sall mi sien denn ok igal,
Mi sall dat recht sien, allemal,
Wenn se uns geben morg'n tauhopen,

Dat du ›ne‹ seggst un lettst mi lopen!«
Un Jochen Voß den annern Dag
Geiht richtig ranne an dat Flach,
Wo't geiht mit Bewern un mit Bosen
Rin in den Stand mit flickte Hosen.
Un as de Herr em dorna fröggt,
Wat he de Trina friegen möcht,
Seggt he, as 't awmakt is, ok »Ja!« –
Na, nu is jo noch Trina na,
De ok de Herr jo wedder fröggt,
Wat se woll Vossen friegen möcht. –
»Ja!« seggt nu fix de lütte Brut.
Voß bliwt vör Schreck de Aten ut.
Un ihr hei sick ok man besunnen,
Wier'n beid as Mann un Fru verbunnen. –
Nu's 't Voß, de schimpt un de schandiert:
»Du hest mi aasig an hier führt,
Wat sünd dat einmal blots för Saken!
Du haddst mi, Trin, dat doch verspraken,
Dat du hier hütt wust seggen ›ne‹?« –
Se seggt: »Nu drink man ut den Tee,
Mi geiht dat jüst as di vunnacht;
Ick hew mi middewiel bedacht!«

De rode Naes'

»Blag is de Tru«, säd Kanter Köhn,
»Gäl is de Neid, de Hoffnung gräun,
Nu segg mi mal, Swienegels Fritz,

Du haddest ja ümmer Mudderwitz,
Wat is woll rot?« – Doch Fritz hadd slapen,
Hei reet de lütten Ogen apen:
»Wat rot is? Rot? Wat kann dat sien?«
Doch fixing föllt em doch wat in,
»Rot is«, so platzt hei iewrig rut,
»Rot, seggt Mudder, is Vadder sien Snut!«

Wat is't för Weder bi Poel

Fritz Voß, den ollen Schippskaptein,
Wer hett den nich all rümgahn seihn?
Up See ded hei sick langn rümslagen,
Nu brukt hei sick nich mihr tau plagen:
Nu hett hei alls, hett Gaud un Geld.
Nu haust't hei up de böse Welt
Un lewt Rentje nu in Fischkaten.
Hei kann den Storm nu blasen laten!
Fritz Voß, dei makt sick up de Sahlen:
Hei sall wat ran tau Middag halen
Un kümmt jo nu ok up den Mark.
Wo Fischerfrugens, brun un stark,
Em in de Maak nehm'n nich tau ful
Sei sünd nich follen up dat Mul,
In'n Gegendeil, de Red', dei geiht
As Käppen Voß dor rümmrsteiht
Un nah den Dösch dor ögen ward
So lustig as so'n Lämmerstart:
»Wo wier't, Kaptein? De Dösch is gaud!

Is nich tau lütt un nich tau grot?
Willn Sei sick nich dortau biquemen
Un sick so'n feinen Dösch mitnehmen?«
Oll Käppen Voß kickt up den Disch:
»Je, Dierns, is denn de Fisch ok frisch?« –
»Ganz frisch!« prat't all in einen Aten,
»Wo künn'n wi sünst uns seihn hier laten?«
»Na, willn mal seihn«, seggt Käppen Voß,
»Wat mit jug Fisch hier hüt is los!«
Un dormit nimmt hei von den Disch
Ein'n von de allergröttsten Fisch
Un höllt den Kopp dicht an sien Uhr ...
»Wat ward denn nu los?« seggt Fru Suhr,
»Worüm, Kaptein, daun Sei denn dat?
Dat is jo narrsch!« frögt ok Fru Swart.
»Hei sall mi blot mal wat vertellen,
Dor brukt ji nich gliek up tau schellen«,
Seggt Voß, »ick ded em blot wat fragen,
Ne, dor – – –! Dat's nicks for mienen Magen!« –
»Ne, dit is doch«, schellt nu Fru Hauck,
Dor ward kein Minsch jo nich ut klauk,
Wat hewn Sei fragt? Wat hett hei seggt?
»Wovon is hei mit'n Mal denn slecht!« –
»Ick fragt' em«, seggt nu Voß geswinn,
Mi föll up'n Stutz nicks anners in:
»Wat is upstunns vör Poel för Weder?« –
»Un wat säd hei?« fróg scharp Fru Rehder. –
»Minsch«, säd hei, »dat sall ick woll swiegen,
Dat kannst von mi nich rute kriegen,
Dat is verlangt ok allerhand:
Ick bün all vierteihn Dag' an Land!«

Lütt Verteller

Een lütten Gaffelschoner führt von Koppenhagen nah
Wisme. Hei hett ümmer gauden Wind hadd, aewer
kort vör de Insel Poel is dei vörbi. – De Kaptein steiht
hinnen an't Stüer un röppt den Matrosen tau: »Dat
helpt all nich, Hein, wi möten hier liggen blieben,
smiet den Anker ut!«

»Ick kann em nich smieten«, antwurt Hein.

»Wat«, röppt de Kaptein, »du kannst den Anker
nich smieten? Büst du rein von Gott verlaten? Wist du
hier up apen See rebellieren, du Lümmel? Smiet den
Anker«, segg ick! – Hein smitt den Anker. –

»Hest du den Anker smäten?« – »Jo, Kaptein«. –
»Liggt hei gaud?« – »Jo, Kaptein!« –
»Is de Ankerkäd stramm?« – »Nee, Kaptein!« –
»Worüm nich?« –
»An den Anker wier jo gor kein Käd nich an!«

»Schipp up'n Strann!«

Oll Käppen Bradhiering von't Fischland hett gaud un
giern sien achtzig Johr up de Nack. Hei hett sien Dag
'nen Hasenfaut in'ne Tasch hatt, man nu will hei bi
Petrus eins anfragen, wat för em in'n Himmel
noch 'nen lütten Platz frie is. Hei kümmt nu baben an
un kloppt an de Himmelsdör. Donn geiht de Dör up
un Petrus fröggt: »Wecke is dor?«

»Hier is Käppen Bradhiering von't Fischland«,
seggt all Bradhiering.

»Un wat wußt du?« fröggt Petrus wierer.

»Ja«, antert Bradhiering, »ick wull eins anfragen, wat ick woll ok 'nen Platz in'nen Himmel kriegen künn?«

»Dat deit mi led«, seggt Petrus, »dat ward swor hollen. Kiek, de Bänken sünd all besett' un dor is kein einzigst Platz mihr«. Un dormit geiht de Himmelsdör up un de oll Käppen süht dat nu jo sülwen, dat alle Plätze besett' sünd. – Na, donn treckt Käppen Bradhiering jo wedder af.

Nah Dagener acht kloppt oll Bradhiering wedder an bi Petrus. De Dör geiht ok wedder up un Petrus fröggt:

»Wat gifft? Dor büst du jo all wedder?«

»Ja«, seggt Bradhiering, »ick wull man blot fragen, wat nu all 'nen Platz in'n Himmel frie wier?«

Donn geiht wedder de Himmelsdör up un de Bänken sünd noch all besett. Dor höllt Käppen Bradhiering de beiden Hänn' vör den Mund un röppt so lud as hei jichtens kann: »Schipp up'n Strann'«. Donn hebben all de Fohrenslüd, dei in'n Himmel seten, Büt bargen wullt, un de Bänken sünd all frie worden. Käppen Bradhiering is up disse Wies' in den Himmel kamen.

Twei Rostocker Döntjes

An'n Hawen bi't Boomhus dicht an't Water stahn twei un vertellen sick wat.

»Kiek«, seggt de ein, »hüt hew ick föftig Penning up de Straat funnen.«

Un as hei den annern dat Föftigpennig-Stück wiesen wull, föllt em dat in't Water. Trurig kickt hei de föftig Penning na.

»Verdammi«, seggt hei dunn, »versupen wull 'ck di jo, man blot nich up diss' Ort!«

Schauster Klaehn kümmt in de Polizeistuw rinn un meld't:

»Herr Polizeidirekter, mien Fru is weg.«

»Nanu«, seggt de Wachtmeister, »wo ist't maeglich: wo langn is sei denn all weg?«

»Je«, seggt de Schauster, »dat kaenen woll gaud acht Dag' her sien.«

»Wat«, röppt de Wachtmeister, »un dat mellen Sei nu ierst?«

»Je«, seggt de Schauster, »ick hew glöwt, sei harr sick blots 'n beten wat fastklaent.«

Wenn dat nich tag is!

Fru Hinrich kümmt in'n Slachterladen un seggt tau den Slachter: »Von Sei köp ick kein Fleisch wedder. Dat Bifstäk wier so tag, will 'ck sei seggen, dat harr ick mi as Sahlen unner dei Schauh nageln künnt.«

»Dat harden Sei denn man daun süllt«, giwt dei Slachter tau Antwurt.

»Je«, seggt Fru Hinrich donn, »dat's licht geseggt! Dei Nagels güngen man nich dörch.«

Bi't Tähnuttrecken!

Oll Bäudner Plückhahn hett bannige Tähnpien. Hei geiht tau den Dörpbalbier un fröggt em: »Bees', kannst du mi den Tähn uttrecken? Ick heff so'n Pien — dat's reiden nich mihr taun Uthollen.«

»Dat willen wi woll kriegen, Plückhahn, dor markst nich mal wat von.«

»Na, denn man tau«, seggt Plückhahn un sett' sick up den Stauhl. — Bees' makt sick nu an dat Schapp tau schaffen un halt dei Tangen rut. Dei Lihrburß steiht ok dorbi rüm un deit, as wenn hei den Kopp hollen sall. Bees' sett' dei Tangen nu jo an, un donn steckt dei Lihrburß den Bäudner von unnen dörch den Stauhl mit'n Nadel in den Allerwertesten.

Bäudner Plückhahn fohrt tau Höchten. Dei Tähn is rut.

»Na, hett't weih dan?« fröggt dei Balbutsch.

»Dat kann ick grar nich seggen«, seggt donn oll Plückhahn, »man dat dat Aas von Tähn so'n lang'n Wöddel hett, dat harr 'ck nich dacht.«

Blots, wenn du slöppst!

Fritz hett sick tau sienen Geburtsdag 'ne Trummel von sienen Vadder wünscht.

»Nee«, seggt Vadder, »'ne Trummel kann 'ck di nich schenken. Ick kann dat Trummeln nich verdrägen.«

Donn birdt Fritzing: »Man tau, Vadding, ganz gewiß, ick will blots trummeln, wenn du slapen deist.«

Hei hett't sick so markt

Ein alter Herr fuhr mit seinem eben verlobten Sohn auf der Bahn und traf Bekannte im Abteil. Im Gespräch zeigte der junge Mann die Photographie seiner Braut, wobei der Vater in seinen Bart brummte: »Dat weit ick gor nich, wat dat jitzt all för niege Moden sünd! As ick 'ne Brut har, markt ick's mi so.«

Twei oll Fohrenslüd, Klaus un Hein, sitten in ehr Stammeck bi'n stiewen Grock. Ierst, as sei upbreken un rutkamen, marken sei, dat 'n bannig Unweder losbraken wier. »Hür mal, Hein«, schriegt Klaus, »wat hult blots de Storm!«

»Ja«, antwurt Hein deipsinnig, »ja, Klaus, nu up't Water – un denn kein Schipp!«

Bi dei Utstüer

Fiete Harms sien öllst Dochder will friegen. Hei is mit sien Fru un Dochter tau Stadt führt un hett de Möbel inköfft. As hei wedder in sien Dörp ankümmt, fröggt em sien Nawer: »Na, Fiete, is alls tau Schick kamen? Büst woll 'nen olligen Barg Geld los worden?« Donn seggt Fiete Harms: »Dat kann 'ck Di seggen, Nawer. Dor warst dumm un doesig bi. Un mit dat Geld! ... Wenn mien Portmonä kettlig wier, harr't sick dodlacht.«

Hei hett kein Tiet

Korl Stoffer is Lokomotivführer up dei Bimmelbahn. Eins morgens kickt hei ut dat lütt Finster un süht sienen Brauder up den Landweg, dei näben den Schienenstrang lanke geiht. Dei is Breiwendräger. Donn röpt Korl: »Brauder, stieg in! Kannst mitführen!«

»Danke, danke ick heff kein Tiet nich! Ick heff 'nen Ielbreif!« antwurt hei donn.

Wat Haasen an sien jung' Fru nich gefallen künn

Haas hadd sick friegt 'ne junge Fru.
»Na«, fröggt em Voß, »wo geiht dat nu?« –

»Ach«, klagt nu Haas, »mi geiht dat schlecht,
Ick glöw, dat mien lütt Fru nicks döcht.
Det Morgens all bi'n Koffeedrinken,
Denn ward sei all mit'n Tunpahl winken,
Bi'n Frühstück grad so lieksterwelt
Seegt sei: Leiw Männing, giw mi Geld.
Un middags – kakt sei tau ok lecker –
Gliek draehnt 's von Kopmann un von Bäcker
Un wedder, wat dat Tüg man höllt,
Snurrt sei üm Geld un wedder Geld.
Ick ward mien Dag' nich satt und froh,
Denn 's abends is dat jüst noch so,
Ja, nachts in'n Drom kümmt mi dat vör,
As höll sei mi ehr Geldknipp her
Und säd tau mi: Mak sei mi vull! –
Ne, wat tau dull is, is tau dull!«
»I, dit is doch«, seggt Voß un schellt,
»Wat will sei denn mit all dat Geld?« –
»Je«, seggt nu Haas, un kickt ganz slau,
»Dat segg ick ok! Ick frag: wotau?
Dat's sowieso so dü'r dat Lewen! –
Ick hew ehr drüm ok noch nicks gewen!«

Bäterung

Swienägel harr sick'n por Dag leggt.
»Wo geiht't hüt, Vadder?« sei em fröggt,
»Ick mak hüt Middag Klümp mit Speck.
Segg mal, hett dat hüt ok all Zweck –

Du büst woll noch för lichter Saken, –
Dat ick för di weck mit dau kaken?« –
»Je, Mudder«, hett Swienägel seggt,
»Mi wier dat sowiethen woll recht,
Klümp holln tausammen Liew un Seel,
Kak mi'n poor mit, doch nich soväl.
Twölf Klümp wier'n ümmer so mien Maat,
Denn nimm hüt elb'n, dat is mien Rat.
Knapp ward't jo sien, dat sünd so'n Saken,
Du kannst sei jo wat grötter maken!«

Sülwst is de Mann

Dat's Olljohrsabend, midd'n up See,
Un up un dal danzt »Dorathe«,
De Rostocksch Bark, in Storm un Nacht –
Dat hett den ganzen Dag maracht.
Dat würd nich sachter, ne, 't würd slimmer,
De Nuurdsee wier en Muurdsee ümmer. –
De »Dorathe« löppt stiewe Fohrt, –
Oll Niklas Voß studiert de Kort
Bi'n Talglicht in de lütt Kajüt,
Sien Stürmann Haas steiht em tausied.
Hei räkent, zirkelt, mett un sinnt:
»Wenn wi blots nich afdräben sünd!
Hier's Storm för dull, kein Kurs tau holln ...«
Doch Stürmann Haas seggt tau den Olln:
»De Luft is dick, is nicks tau seihn,
Doch holl'n wi Kurs god, as ick mein.

Bi disse Bris' uns' ›Dorathe‹
Steiht fast in'n Kurs in Strom un See!«
»Na god«, seggt Voß, »ick gäw di recht,
Denn sünst, oll Burß, bikeem uns't slecht.«
Ganz still ganz Oog un ok ganz Uhr,
Stünn Jöching Voß dorbi up Lu'r,
De Jung, en Hans vull Knäp un Hoeg
Un grien, dat Schipper Voß em frögt:
»Szüh dor, lütt Mann in'n hogen Rat,
Segg ok mal, wur geföllt di dat
An'n Olljohrsabend up de See?
Denk mal nah Hus. Dat's annern Tee!
Dor sitt'n sei in'ne warme Stuw',
Grotmudder mit de niege Huw,
Un Vadder, Mudder, Unkels, Tanten
Sünd all tausam, de leiw'n Verwandten.
Den Karpen hebbn sei all tau Bost.
Dat is Olljohrsabendkost.
Berliner Pannkauk'n rüken frisch,
Un Punsch dampt lustig up den Disch,
Un denn – denn föllt ehr all dat in:
›Wo mag de „Dorathe" nu sien?
Wo woll uns' Jöching stäken deit?‹
Un – denk blots – keiner weit Bischeid!«
De Jung, dei sinnt, de Jung, dei lacht:
»Ja, Käppen Voß, so is dat sacht,
Indessen doch, dat helpt uns nicks.
Wenn sei tau Hus weit't noch so fix,
Uns helpt blots, wenn wi sülwt wat weit't,
Wur w' sünd un wur't up los gahn deit,
Dat alls in Ordnung unn'n un baben –

Wat anner snacken achtern Aben,
Dat geiht up See uns gor nicks an.
Up See gellt blots: Sülwst is de Mann!«

Patzig

'n lütten Bengel wull nich orig wesen, un sien Mudding
müßt em ümmer stürn, dat hei kein Undäg maken
deed. Tauletzt würd de Mudder dat tau dull, un sei
säd: »Wenn du di nu nich schickst, steck ich di in'n
Häuhnerstall!«

Dor antert de Jung ganz patzig: »Dat kannst daun,
oewer dat segg ick di glick, Eier legg ick nich!«

Dat Jagdrecht tau Hus

Fru: Du, Ferdinand, ick will mi giern en niegen Muff
köpen. Dau mi en beten up mien Quartalsgeld vör-
scheiten. –
De Förster: Nee, mien Kind. Nu ward nix vörschaten!
In'n Januor, wenn ji uns de Wihnachtsge-
schenken awjagt hewt, denn hewwen wi
Fomiljenvadders Schontiet.

Wennihr möten de Appels plückt warden?

Voß seggt: »Ick heww dat utprobiert,
Wenn sick de Karn in'n Appel rührt,

Wenn swart de Karns ward'n, denn is 't Tiet.«
»Ja«, seggt ok Haas, »denn is 't sowiet,
Denn möt hei von den Bom heraw,
Nahst föllt hei bald von sülwen aw.« –
Swienegel stünn dorbi un sünn:
Bi em kein Bom in'n Goren stünn.
Hei hett nicks seggt, hett sick blos lacht. –
Weißt Du, wat hei sick heimlich dacht?
»hei plückt am besten, dat 's gewiß,
Wenn Voß sien Hund gaud anbunn'n is.« –

Gedichte

De drei Mamsellen

Ick will juch wat vertellen,
nu hürt mal tau,
dor weeren drei Mamsellen,
nich een hadd Schauh.
Un liekers wull'n se danzen
mit Fritz un Korl un Franzen,
dat güng ok so, dat güng ok so.

De lütten drei Mamsellen,
de würden Brut,
se deden nix as tellen
de Dag vör ut.
De Heben hüng vull Sünnenschien,
un juchen ded de Vigolin,
un Trumpet tut't, un Trumpet tut't.

De Bruten ludhals lamentiern,
wull'n ri – ra – rutsch
mit vier von'n Buck tau Hochtied führ'n

un hadd'n keen Kutsch.
Ne, anners wull'n sei't gor nich don,
de Brüjams makt sick up den Spon
un bleben futsch, un bleben futsch.

De lütten drei Mamsellen
würd'n olt un matt,
se koe'n wat vertellen
nu mit ehr Katt.
Se kregen all mien Dag kee'n Mann,
un sall di dat nich ok so gahn,
denn mark di dat, denn mark di dat!

Aantensnack

Wat, wat, wat giw't tau äten?
Wat, wat, wat ward hüt kaakt?
Sliekt, sliekt dörch de Gaeten,
Schult, schult, wat sei makt.

Priet, priet, will'n uns man mellen,
Trien, Trien uns sünst wedder vergett,
Lat't, lat't, wat sei ok schellen,
Blöd' Hund'n, blöd'd Hund'n warden nich fett!

Nix, nix geiht aewer't Äten!
Sluk'n, sluk'n, dat is uns Satz,
Wat, wat, wat wi ok freten,
Bet'n, bet'n is ümmer noch Platz!

Wenn dat regen warden will

Snickemus
Keek ut't Hus.
Trök ehr langen Hürnings krus:
»Bliew ick binnen? Gah ick rut?
Dat süht bös nah Regen ut!«

Säd de Katt:
»Du wardst natt,
Fix tau Hus, dor föllt all wat!« –
»Ick gah rinner«, säd de Kater,
»Ick bün nich för't väle Water.« –

»Mienetwegen
Kannt't giern regen,
Dor hew'k ganz un gor nicks gegen«,
Lacht de Aant, »man ümmer runner,
Wi Ort Lüd gahn doch nich unner.« –

Meint de bunt
Scheperhund:
»Regen is oft ungesund,
Pogg'n un Gäus' maeg'n dat woll maegen
Anner Lüd sitt't giern in'n Drögen.«

»Draent nich so«,
Brummt de Koh,
»Lat't doch regen ümmerto,
Will dat geiten, lat't man kamen,
As dat kümmt, so ward dat nahmen!«

Bi't Fleigenfangen

Summ – summ – summdibumm,
Dit ward mi doch tau krumm!
Twei Fleigen un ein Brümmer,
Dei surren hier so rümmer,
As hürt de Stuw ehr ganz allein,
Koen'n sei denn nich uns' Größing seihn?
Dei will doch 'n beten drusen –
Dor paßt nich so'n brummsusen

Summ – summ – summdibumm,
Ji Fleigen sünd doch dumm,
Mitsamt den dicken Brümmer.
Dat geiht för dull jo ümmer
An't Finster rupp, an't Finster dal,
Dor kreg ick jug doch allemal?
Na, spält man an de Ruten,
Denn sünd ji bald nog buten!

Summ – summ – summdibumm,
Wat fien, wat grow Gebrumm!
Wi brukt kein Maden in den Kes',
Wi brukt kein Danzers up de Näs'!

Süso! Nu danzt man buten
Up dei Siet von de Ruten,
Dor koent ji rüm brummsusen,
Ick help nu Größing drusen!

Lütt Duwenmudding

Mit hurre – hurre, sus'
Flüggt dat von unsen Hus – –
Wur kam'n mi eens de Duwen her?
Lütt Anning keem jo ut de Dör,
Lütt Anning mit den Faudersack!
Un nu kümmt an dat Snurrepack.

Mit gurre – gurre – gur,
Weck driest as wi so'n Bur,
Weck stolz as kum en Eddelmann,
Makt sei sick nah lütt Anning ran:
»Mak tau, lütt Dirn, mak tau, mak tau,
De Hunger lett uns gorkeen Rauh!«

Un heidi – heidi – wupp
Nah Kopp un Schuller rup,
Sei fleigt direkt ehr in den Schot,
Sei weit't jo, Anning is ehr god,
Sei würd'n – süll s' noch nicks kriegen –
Ehr driest in'n Sack rinstiegen.

Un hurre – hurre, rull –
De Kropp is wedder vull. –
Sei seggn: »Dat wier mal'n Morgenköst,
Lütt Anning is un bliwt uns' best,
Wenn w' dei nich bi uns hadd'n,
Wur süll dat eenmal ward'n,
Wur süll dat ward'n!«

To Bett, to Nest ...

To Bett, to Nest,
Dat is dat Allerbest,
De Mand kickt all nah't Finster rin,
To Bett güng langn all de leew Sünn,
Nu gah ok rin!

To Bett, to Nest,
Dat is dat Allerbest,
All uns' lütt Vagels slapen still,
Nu do ok du, wat Mudding will,
Slap söt un still.

To Bett, to Nest,
Dat is dat Allerbest,
De Kinner möt't nu all to Roh,
Nu mak ok du dien Oeging to,
Blankoegig to!

To Bett, to Nest,
Dat is dat Allerbest,
Dor buten weiht so kolt de Wind,
Dat Voß un Has nich slapen künnt,
Warm slöppt uns Kind.

To Bett, to Nest,
Dat is dat Allerbest,
Mien Tuckanthart, mien Zuckerblom,
Nu slap un dröm en söten Drom,
En söten Drom!

De lütt Mudding

Kumm, ick bün nu Mudding,
Un du büst mien Diern,
Holl still doch rein stilling,
Denn mag ick di giern.

Ick mak einen Zopp di
Ganz lang ore'n Dutt,
Denn süst du so smuck ut,
As'n Addlmann sien Brut.

Szüh – nu büst du glatting,
Ick stieg wedder raw
Un putz Näs' un Münning
Mit'n – – Schöttldok di aw!

Lütt Dürten

Du, mit uns lütt Dürt,
Dat is mi so'n Sak,
Sei hürt nich nah Würd,
Ick möt ehr up't Dack.

So schüll hüt uns Vader,
Man Mudding säd so:
Ja, Dürten, dat is een,
Nu kiek blot mal to.

De Diern hett in'n Kopp jo
De Ogen nich rein.
Un narrends hew'k dat Licht so
oft lang brennen seihn.

Sei seggt ok »Gun Dag« nich,
Lutscht leiwerst up'n Dum',
Un doch – hew'ck sei trechtstukt –
Ist't een hartsöte Plumm!

Ick denk ok, dat wasst sick
Noch all mit ehr trecht,
»Rug' Fahlen – glatt Pierd nahst«,
Ward ümmer jo seggt.

Uemmer manierlich!

Greten seet fein för de Dör
Un eet ehr Grütt,
Keem Katt un Kater her
Un eeten mit.

Greten seggt: Willt ji gahn?
Ick rop uns Moder!
Lat't mi mien Grütt hier stahn,
Grütt is kein Foder!

Weg mit juch natte Snut,
Weg von mien Grütt,
Ierst halt juch'n Lepel rut,
Nahst ett't ji mit.

To'n niegen Johr

Hür, Nahwer, hür de Klocken gahn!
Dat oll Johr hett sick't nu entseggt,
Hett Gaudes un ok Leeges bröcht,
Hett uns ok strakt, ok uns wat dan!

Man, Nahwer, wat de Hauptsak is,
Kopp is ümmerto noch baben,
Un wier ok wieder nicks to laben:
Uns Hart bleew lustig, jung un wiß!

So sall't ok wieder bi uns sien,
Von frischen bläuh uns de Humor,
De's beter as Aptheikerwor
Un höllt von'n Liew uns Sorg un Pien'!

Ick wull, dat di dat Niejohr bringt
So recht veel Freud un stillen Freden
Un dat, wur s' sünst wull Glück to säden,
Wat leiwlich in dat Leben klingt.

Heil lustig mag in Saat uns scheiten
De Hoffnung för dat kamen Johr:
Ob einer will den Adebor,
Ob einer wünscht sien Schün' vull Weiten,

Ob einer will vull Geld sien Knipp,
Veel Fisch in't Nett, veel Awt, veel Wien,
Ein jeder müggt tofreden sien
To goderletzt, wünscht Vagel Grip.

Wannerleed in'n Mai

Dat Frühjohr lacht in't Finster rin.
De Winter müßt sick geben.
Rut in den Wind, rut in de Sünn!
Dor is nu Lust un Leben.
De Bäk lang klingt mien Morgensang,
Lütt Lewark singt vergnögt dor mang
Rup in den blagen Heben.

Dor, rechte Hand in'n Flederbusch,
Lett Nachtigall sick hüren.
De Draussel fläut, un na den Takt
Geiht Adbor stolz spazieren.
De Wachtel sleit, un Kuckuck röppt,
De Ogen up en Has' dor slöppt,
Sachting, em jo nich stüren!

Dor achter in de gräunen Dann',
Dor will ick nu rinstiegen.
De Jäger hett 'ne glaue Diern,
Dei will ick Pingsten friegen.
Juch! Anning flüggt all ut de Busch –
Nu, hungrig Hart, sast husch-husch-husch
Zuckersäut Kost woll kriegen!

Pingsten

As Gold lacht idel Sünnenschien
In Finstern un in Harten rin:

Is Pingsten! Kinner, wat 'ne Tied!
Hüt ward uns all dat Hart so wiet,
Un unner maigrün Böken,
Dor will dat Glück uns söken.

Denn al dat Grön in jungfrisch Dracht,
De Blomen in ehr bunte Pracht
Un all de Ruch üm Busch un Bom,
De Vagelsang an'n Gorensom,
Dat's all för uns! Ahn Grähmen
Kann jedwereen sick nehmen.

Wakt up un nehmt von Blom un Bom
In't binnelst Hart den Frühjohrsdrom:
Dei, dei de Pingstpracht uns hett schenkt
Un dorbi so an jeden denkt,
Kennt all dien Sorg'n un Janken,
Dien heimlichsten Gedanken.

Un lud singt all de Pfingstdagspracht:
Hei kann mihr as in Minschenmacht.
Lat Pingstdagshoffnung in di teihn,
Hei ward tauletzt tau'n Rechten seihn
Un ward mit Allmachtshännen,
Ja, all uns Unglück wennen!

Sommerabend

De Sommerdag güng lies' tau Rauh,
Un Mudder Sünn treckt de Gardin

72

Sacht achter ehre Bettstäd tau
Un drusselt ok en poor Stund'n in.

Sei hett mit rot un güllen Farben
Tauletzt noch malt den Häben lang,
Dat prächtig disse Dag süll starben,
Diss' Sommerdag, vull Low un Dank.

De klore Bäk an'n Weg, dei singt,
Dat lütte Ding, dat weit Bischeid,
All, wat an Farw an'n Häben klingt,
Dat klingt ok ut sien Abendleid.

De Schepe treckt nu sacht tau Hus,
Hei hett sick mäud un laesig stahn,
Un ok sien Schap gahn halw in'n Drus',
Väl flinker hett't hüt morgen gahn.

Sei sünd so satt, so satt, so satt,
Ehr geiht de Himmelspracht nicks an –
So sall dat jo in Dörp un Stadt
Ok tweebeint Hamel öfter gahn.

Uns Sod.

Up unsen Brink, dor steiht en Sod,
Den Sod bün ick von Harten god
Nu all so väle Johr.
As ick mien iersten Büxen kreegen,

73

Hew ick all bi em rümme steegen
Un keek in't Water dor.

Ut dissen Sod hett Ad'bor bröcht
(Uns' Größing hett't mi heimlich seggt)
All uns' lütt Rackerwor.
Ick hew dat sülwst ok dütlich seihn,
As ick mal keek, seet unnen ein,
Hadd – grad' as ick, gäl Hoor.

Dat is de Sod, wur ick einmal
Perdauz reist mit dat Emmer dal,
Wat hew ick mi verfiert!
Mien Vadder hett mi rutehalt
Un mi ok gliek dorför bitahlt,
– Up'n Puckel – as't sick hürt.

Ick würd en Kierl von twintig Johr,
Dunn stünn dor bi den Sod en Poor
Un hadd sick gortau giern.
An'n Sod, dor wier dat stille Flach,
Wur ick, so oft tau Endn de Dag,
Hew küßt uns Nahwersdiern.

Ja, ja, de Sod, de weit Bischeid,
Von all mien Freud, von all mien Leid,
De kennt mi ut den Grund.
Un wat ick em in Tru vertellt,
Hei preit dat nich in alle Welt,
Ne, hei höllt reinen Mund.

So'n Fründn sünd knapp hüt in de Welt,
Wur allens löppt na Gaud un Geld,
As wier dat Glück denn dor.
Up unsen Brink den ollen Sod
Bliew ick dorüm von Harten god
Hüt noch un all mien Johr!

Rostocker Geschichten

De Barnstörper Koemkrieg

Wer Barnstörp kennen deit, dei kennt ok de »Trot-
zenburg«. Dat is jo hütigendags 'ne grot Gastwirt-
schaft midden in de Barnstörper Dannen. Un dat geiht
dor heil vergnöglich her mit Kaffee un Koken, jeden
Dag binah, den uns' Herrgott nich ganz un gor ver-
regen laten deit. Dat wier nich ümmer so. As uns' See-
stadt Rostock noch mit den Dänen un anner Lür tau
kiben harr, dunn wier hier en Utkiekposten, en Horch-
posten. Von hier ut künn'n dunn dat ganz Rebeit up
de Warnow nah Warmünd'n un an Land nah Doberan
tau oewerkieken. Wies'te sick denn dor wat in'n
Busch, denn tut'te de Hornist up den Trotzenburger
Utkiek in sien Huurn, un denn towte de Scheper mit
de Schaap un de Kohhöder mit sien Köh nah Stadt tau
achter de Muern.

Von so'n Krieg bi »Trotzenburg« will ik nu nich
vertellen, ne, von einen heil lustigeren Krieg, von den
Krieg twischen »Trotzenburg« un Bramow, twischen
de beiden Kräugers dor, also von so'n richtigen
Koemkrieg.

76

Dat is nu ok all so'n hunnertdörtig Johr her, as sei den Forstschriewer Moll tau'n Holtwohrer in Trotzenburg insetten deern. Dunn wieren dor nämlich wedder elbendusend Raud' Land upforst't, un dunn füng de Koemkrieg an. As mien Geschicht anfangen deit, dunn wier de Krieg all so'n twindig Johr in Swung. Un hei harr de besten Utsichten, dat hei dat ok noch as sien grot Brauder up dörtig Johr bringen würd. Dat wieren stiwe Köpp, dei dor gegeneinanner anklabastern deern.

Dat wier nämlich so: De Holtwohrer Moll süll eigentlich nich schenken, höchstens einmal in de Woch för de Schüttenbräuder, dei dunn ok all in Barnstörp scheiten deern, un denn för de Frugens Kaffee un Melk. De Mannslür wier von wegen de Verdauung verlöwt, dat sei ok einen Koem tau de Melk drinken dörften. »Hal mi de Düwel up ewig«, sär Kräuger Brandt in Bramow, »diss' Moll nimmt mi so bi lütten de ganz Kundschaft weg. Alle Dag is bi em dat Hus proppenvull, un bi mi is Waddik un Weihdag'. Ick kann mienen Koem allein drinken, wenn hei nich glasig warden sall. Wurvon sall ick de hoge Pacht bitahlen? Un de Kierl hett sien moy Gehalt. Dor möt wat bi dan warden!«

Hüt güng dat in »Trotzenburg« wedder mal hoch her. De Schüttenbräuder von de Kopmanns-Schütten-Kumpanie harren sick bi dat macklich Weder in Schoren nah Barnstörp rute maakt, harren dor sülwern Läpels utschaten un sick tau'n Afsluß bi Vadder Moll en Plusterschinken bestellt. Dor wieren sei nu meist all 'n lütt Stünd'n mit dörch un wieren nu dorachter her, den Nahdöst dot tau kriegen un den Arger runne tau spölen un sick Draaplock-Geschichten tau vertellen. Dunn horchten sei mit eins all up. Dor wier Krach up de Däl. Vadder Moll harr dor 'n jungen Minschen vör: »Ick will Em dat ein för allemal seggen«, hürte man em schellen, »ick will Em in mienen Hus' nich hebben! Mak Hei, dat Hei mi stantapeh ut den Hus' kümmt, orer hei ward dat gewohr, wur dat so einen gahn deit, dei hier nie Tieden halen will!«

»Nanu? Wat's denn dor los? Wur is dat Füer?« güng dat Fragen. »Wat is dat förn Minsch? Wat will hei hier utspinkelieren?«

De jung'n Minsch, üm den de Spektakel anfungen wier, sär ruhig: »Herr Moll, ik bün kein Spijon. Ik bün hier ganz taufällig vörbikamen. Ik bün nah Schwaß wäst, nah mienen Köster-Unkel.«

»So? Nah den Schwaßer Köster is Hei wäst?« schriegte Moll. »Denn is woll wedder en nieges Schrieben an dat Hospital orer an E.E. Rat in de Fedder nahmen? Wat denn?«

»Hei hett mit den Breif wiß un wohrraftig nicks tau don, Vadder«, säd Wischen, den Förster sien Dochter, dortüschen. »Gah nah de Koek un kümmer di üm dien Grapen un Schapen«, schriegte de Oll, »wat weißt du oewrigens von de Breif'?« Nu stickte sick Wischen bet oewer de Uhren rot an, un ok de Bengel würd ganz annershaftig kieken. »Ne, dit is doch!« schüll Moll, »nu stickt mi jo woll diss' Lümmel noch dat Hus baben den Kopp an! Wat hei sick dor viellicht in den dicken Kopp sett't hett, dor gäw ick mien Hand nich tau! Twindig

78

Johr hett mi sien Vadder pisackt, hett mi mit sien An-
kloehneri un sien Breif' all soundso oft binah ut dat
Brot stött. Un nu kümmt hei un will mi Kuckuckseier
in dat Nest leggen? Rut mit Em, segg ik! Orer ik
vergät mi un lat Em mit de Hund'n von'n Hof hissen!«

»Wat is dat för ein, dei hier Eier leggen will? Wer
kennt den Minschen?« frög ein den annern in den
Hümpel. »Dat is Kräuger Brandt ut Bramow sien
Jehann, en fixen Smid. Dit ward intressant! Dat is en
Kierl, dei kann den Ollen in'n stiewen Arm dot-
hungern laten.«

»Wur dit woll ward?« sär Kopmann Swart, dei
Sünndagsnahmiddags in Barnstörp sienen Klewerjaß
spälen deer. »Jehann, lat di dat nich gefallen!« Man
Jehann leet sick nich hissen. Hei harr unner den Striet
twischen Barnstörp un Bramow all so dull läden, dat
diss' Toweri von Vadder Moll dat ok nich tau'n
Oewerlopen bi em bringen künn. »Ick will keinen
Larm«, säd hei ruhig, »ick gah!«

An den Sleeduurn, dei dor kort vör den Hof Barn-
störp an de Bramowsch Landstrat stahn deer, paßte
em sien Wischen up. »Nu'st ganz vörbi, Jehann«, sär
sei, »wur künnst du ok so driest sien un di bi uns in'n
Hus' rinwagen? Dit vergifft Vadder di nich wedder.«

»Dat is all man half so slimm, Wisching«, sär hei,
»nu weit hei doch, wur de Saak mit uns stahn deit. Ick
weit blot nich, wur dat warden sall, wenn mien Vadder
dat nu ok tau hüren kriegen deit, dat wi uns ver-
spraken hebben. Dat gifft jo woll Slag un Unglück!«

Vadder Moll wier mitdewiel sien Kontrakt infollen.
Diss' Geschicht würd jo ruchbor warden in ganz

Rostock. Un wenn E. E. Rat denn wedder unnersöken laten würd, denn wier sien Mat am End'n vull. »Miene Herren«, sär hei dorüm, »Sei weiten, bet Sünnenunnergang gellt dat Gasterieren man bi mi. Ick heff scharp Orer. Drinken Sei ut, um kamen S' anner Wäk all wedder!«

Un wenn sei ok teihnmal seggen deern: »Wi sünd Rostocker Börgers. Wi warden uns doch nich rutsmieten laten?« Hei kreeg sei doch rut, slöt sien Dör tau, bru'te sick 'n stiewen Grog, kröp nahst in de Posen un nehm sick vör, sienen Arger ierst mal düchtig uttauslapen.

Wieldeß seet de Börgermeister Crummbügel bi sien Akten. Hei schüdd't den Kopp einmal oewer dat anner. Un wi kieken em nieglich oewer de Schuller. Un dor läsen wi, wur Kräuger Brandt sick bi de »Wohlverdienten, wohlgeborenen, hochgelehrten un hochgeehrten Herren« von dat Hospital wedder mal oewer Vadder Moll besweren deer. Sien Fiend in Barnstörp, so schreew hei, arbeit't upstunns up sienen Ruin hen. Un dat löbl. Hospital, dat von em, Brandten, de hogen Pachten hebben wull, hülp Mollen dorbi. Hei, Brandt, behöll oewerhaupt kein Gäst mihr un künn sienen Koem allein drinken. Moll lockte allens ran. Föftig Couverten wieren dat nülich in Barnstörp wäst. Ornlich en Koch un Lohndeiners harr Moll dor hatt. Dat Äten harr twindig Schilling un de Wien tweiundördig Schilling kost't. Sogor Füerwark harren s' abends noch maakt. Moll harr oewerhaupt kein Tiet mihr, up de Dannen un dat Torfmuur tau passen un kreeg doch sien Gehalt dorför. Mollen müßt dat Schenken bi hunnert Daler Straf verbaden warden. Sünst leet hei dat doch nich. Hei, Brandt, künn de Pacht nich mihr bitahlen. Un so güng dat wieder.

Ick segg, de Börgermeister schüddköpp, un hei wull grad de Fedder ansetten un den Holtwohrer Moll mal wedder laden, dunn kemen twei von sien Fründ'n in de Stuw'. Dat ein wier Senater Ehlers, dei dat Hospital unner sick harr un dei ein von de dicksten un sworsten Kierls in Rostock wier. Un dat anner wier Kopmann Siedensnur, dei in dat ierst Quatier de Wurtführer wier.

De Börgermeister vertellte de beiden nu, wat hei dor grad vörhatt harr. Un de dick Ehlers hett lacht, dat ein dat up den Niegen Mark un, wenn de Wind südlich wier, ok noch up de Fähr harr hüren künnt. »Dat's jo'n Düwelskierl, diss' Moll«, sär hei, »Konkurrenz bringt Leben in dat Geschäft! Wenn de Kräuger in Bramow nu nich 'n bäten bremsen deer, wat denn woll ›Trotzenburg‹ in Swung kamen würd!«

»Sei lachen, Herr Senater«, säd de Börgermeister, »oewer wat sall ick mit diss' Seeslang'n von Klagen, bi dei de Jungs dat End'n afsnäden hebben, anfangen?«

»Ja, Herr Börgermeister«, säd Ehlers, »dat segg ick ok. En End'n möt de Slang'n hebben. Jedwe Ding hett'n End', de Wust hett twei un de Füertang'n drei. Wur wier't, wenn wi Mollen mal up de Prow' stellen würden? Denn seihn wi doch, wat an de Klagen an is? Hüt nahmiddag hebben de Schütten von de ›Concordia‹ in Barnstörp Plusterschinkenäten hatt. Den backt Mudder Moll grotorig! Wat meinen Sei, willen wi nich mal henführen, em rutkloppen un mal seihn, wat Moll uns noch'n Plusterschinken trechtmaakt? Wi koenen jo seggen, wi kemen von Doberan. Denn koenen wi jo ok gliek seihn, wat hei noch Gäst dorhett.«

»Dat is 'n Vörslag, dor lett sick oewer reden«, seggt Siedensnur, »dat ward 'n Heidenspaß, segg ick!, Hanning Düwel, wat Nossen sien Knecht is, kann uns rutführen. Dei kennt den Weg bi stickendüster Nacht.«

Den Herrn Börgermeister müggt jo woll ok doran liggen, dat de Sak 'ne anner Wennung kriegen deer. Hei schüddkoppt ierst noch wedder 'n bäten, oewer dat hett nich lang'n wohrt, dunn höll Hanning Düwel vör'n Hus'. De Wagen mit de Ratsherren keem jo ok ahn wieder wat ut den Kröpliner Dur, dei dunntaumal 's abends noch ümmer tauslaten würd.

Hanning Düwel korte de Herren in den schönen Sommerabend rin. Oewer dat wier in'n August un pickendüster, so as de August dat männigmal mit sick bringt.

As sei in Trotzenburg ankamen deern, stegen de Herren ut un güngen an dat Hus ran. De Hunnen makten Larm. Sünst oewer rögte sick nicks in den Hus'. Dor müßt woll alls all tau Koy gahn sien. Senater Ehlers, dei de gröttsten Füst von de drei harr, kloppte an de Husdör. Dat duert ok nich lang'n, dunn maakte Moll en Finster up. »Wat sünd dat för Hundsfött«, röppt hei, »dei hier bi nachtslapen Tiet de Lür ut de Bedden kloppen? Wenn Ji nich furts maakt, dat Ji hier wegkamen dot, denn scheit ick Juch in de Büx, dat Ji denkt, Ostern un Pingsten kamen up einen Dag.«

Natürlich harr Moll, dei sick giern »Herr Förster«

schellen leet, de Herren in'n Düstern nich kennt. Senater Ehlers wull em nu bigöschen un sär: »Moll, nu hüren Sei doch mal tau. Wi sünd god' Gäst. Wi wullen doch blots en beten Plusterschinken bi Sei äten un'n Buddel Rotspon dortau drinken!«

»Moll, seggt Ji? Ick will Juch bi Moll!« schriegte de Oll. »Plusterschinken will't Ji äten? Wien will't Ji drinken? De Hund sall Juch wat sch …! Hier is kein Kraug!« Un dormit klappt hei sien Finster wedder tau.

»Väl dütlicher harr hei dat nich seggen künnt«, sär de Börgermeister un griwwlacht, »de Prow' is sihr tau Gunsten von den Mann utfollen.«

»Dat Resultat is absolut negativ«, sär Siedensnur, »diss' Moll is woll wat groww, oewer ihrlich!«

»Kriegen don wi hier nicks«, sär ok Senater Ehlers, »ick harr mi all so up den Plusterschinken freut. Oewer diss' Moll is nich rümtaukriegen. Dor 's hüt abend kein Uemgahn mit. Wat meinen de Herren, wenn Hanning Düwel uns noch nah Bramow rümführt un wi setten Brandt in Nohrung, indem hei uns en jungen Hahn braden möt? Dei lett uns rin. Dor stah ick för in!«

Hanning Düwel kreeg denn nu Orer, dat hei oewer Hof Barnstörp ok noch nah Bramow führen süll. Bet an den Sleedurn, den wi jo all kennen, güng dat ok ganz god. Oewer indem buten doch rein gor nicks tau seihn wier, harr Hanning Düwel sick 'n bäten inwennig biseihn, un dat rechte Vörrad keem achter'n Prellstein tau hacken. De oll Droschk kreeg dat Oewergewicht, slög üm un sackt perdauz in den Gra-

84

ben rin. Dat wier jo nu 'ne ganz gefährlich Geschicht. Hanning Düwel lepen de Tranen man ümmer so piep- lings de Backen dal. Hei künn den Wagen nich lüchten. Un Ehlers, dei sünst woll soväl Roegen in de Bost hatt harr, harr sick den rechten Fot ossig verstukt. Hei rappelt sick noch so jüst ut den Graben wedder rut, man dor sär'e: »Hier sitt ik!« De annern beiden wieren ahn Schaden vonkamen, wüßten oewer ok nicks antaustellen.

Man dunn keem Hülp. En jungen strammen Kierl föt mit an. »Sträng man ierst de Pierd af, Hanning«, sär hei, »den Wagen bödd ik di rut!« Hei stemmt nu de Schuller unner de Aß, un' hal' ein, hal' twei, hal' drei' sett't hei den Wagen wedder nah'n Weg rin.

»Dit geiht jo woll nich mit rechten Dingen tau«, seggt de Senater, »wat's dat för'n Kierl? Bödd't allein de swore Kutsch ut den Graben? Hett einer all sowat seihn un sowat biläwt? Wenn du kein Späuk büst, mien Jung, denn help ok mien tweihunnertföfdig Pund in den Wagen. Hoffentlich dreggt mi de oll Kor noch!«

»Dat will ick woll don«, sär de jung'n Minsch, nehm den starken Mann up'n Arm, as wenn he en Mehlsack wier, un sett't em sacht in den Wagen rin.

»Nu hebben wi mal richtig wat biläwt, miene Herren«, seggt Ehlers, »Hanning, kennst du den Min- schen?«

»Dat is Brandt's Jehann ut Bramow, dat is Kräuger Brandt sien Jehann«, seggt Hanning, »dat is de starkst Kierl in de ganz Gegend. Gegen den kümmt ok de Lichtenhäger Köster nich an, dei mal 'n grot Fäuder

Heu ut'n Graben bödd't hett.« Nu würd jo de Gesell-
schaft hellhürig. Un as sei nahst in Bramow up den
Hahnenbraden luern deern, nehm de Senator sick
Jehannen vör. Wat hei dor bi nachtslapen Tiet up de
Landstrat söcht harr, frög hei Jehannsen. »Ik heff dor
achter den Sleedurn säten un heff grüwelt«, sär Je-
hann. »Harrst en Diern bi di?« – »Ne, dunn all lang'n
nich mihr.« – »Wat hest för ein?« – »Dat kann'k nich
nahseggen.« – »Mi kannst du dat nahseggen, Jehann«,
sär de Senater, »up dien Hochtiet mücht ick giern mit-
danzen. Hett s' ok so'n Krasch' as du? Wennihr is de
Hochtiet? Heff ick tau de Tiet mienen Bein al wedder
in Ordnung?«

Na, ick segg. Dat hett gor nich solang'n wohrt, dunn
harren de Herren allens rut. Un dunn füngen sei an, de
Köpp tausam tau stäken. Un dunn smüsterten sei, un
grad as de Hahns up den Disch kamen deern, dunn
harren sei ehren Plan farig. Un nu is mien Geschicht
eigentlich ut. Gegen so'n Herren von'n hogen Rat
kümmt jo doch keiner an, ik nich, un Holtwohrer
Moll ok nich.

»Diss' Krieg hett twintig Johr duert, un sien End'n
is nich awtauseihn«, sär de Börgermeister, »dat ward
nich anners Fräden, wenn wi em nich mit 'ne Heirat
tau'n Afsluß bringen. So is dat all öfter mit Kriegen
maakt, dei 'n gor tau lange Pust harrn.«

Je, nu harren Jehann un Wischen mit'n Mal drei
Förspräkers. Dor süll Moll woll lütt bigeben un süll
Brandt woll bigeben. Dat hebben de Herren oewer
utmaakt, wenn nu de Hochtiet in »Trotzenburg« wier,
denn wullten sei doch noch von den berühmten

86

Plusterschinken äten. Tau'n tweiten Mal süll ehr de Hund nich wedder wat sch ...

Dat is ok all so kamen. Un wiel dat nu all ein Verwandschopp wier twischen Barnstörp un Bramow, so günnte nu ein den annern alls Gode. Dat föll jo höchstens von de Kist in de Bilad' orer von de Bilad' in de Kist. Dorüm harr de Koemkrieg nun denn jo ok sien End'.

Fru von der Laube

Wat de »Fru von der Laube« för ein is, dat weit jo nu wedder de drüdd Mann nich. Wer oewer sienen Wossidlo kennen deit, dei weit, dat dat Loffröschen mal 's abends spazieren gahn is, un dor is ehr de Schorpogg, dat is ein von de groten, rugen Poggen, in de Möt kamen. Un dunn hett dat Loffröschen seggt: »Goden Abend, Fru Abendblank.« Un dat hett de oll Schorpogg jo nu kettelt, un sei is nu ok ganz utnehmend fründlich worden un hett seggt: »Ach, Frau von der Laube, was geben Sie mich för 'ne Ihr'...« – So is dat kamen, dat wi uns' lütt Loffröschen, indem wi väl Spaß an datt lütt Ding harren, ok Fru von der Laube nöömt hewwen. –

Uns' Frau von der Laube, also uns' »Laubfrosch«, mücht ok giern spazieren gahn. Un dat don sei denn jo woll 's abends un nachts. Daagsoewer seet uns' Fru von der Laube meist wiß. Blots nich in ehren Glashaben. Denn mal fünnen wi sei mank de Blomen up de

87

Finsterbänk. Denn seet sei wedder mal ganz baben an de Gardin. Männigmal wüßten wi gor nich, wur sei woll wier. Oewer sei fünn sick ümmer wedder an. Wi wahnten dunn wat beengt, uns' Betten stünnen bet dicht an de Finsterbänk ran. Un dat hett uns' Fru von der Laube in Druck bröcht. Nu dörft sei oewerhaupt nich mihr reisen, mößt in ehren Haben sitten un dor god Weder anseggen. Un dat is so kamen. Mudder Witt is mal 's Morgens ganz tiedig upwaakt. Sei harr 'n furchtboren Drom hatt. Ehr is dat vörkamen in'n Drom, as wenn ehr 'ne ieskoll natt Hand langsam oewer dat Gesicht straakt hett. Sei kriggt de Ogen up. Dat Bedd von ehren Mann is so jüst tau seihn. Ehr graest. Oewer de Mann slöppt so ruhig, ehr fehlt jo ok wieder nicks, ne, de Dot is dat nich wäst, dei hier roewer gahn is, denkt sei, hest blots drömt. Inslapen hett sei oewer doch nich wedder künnt. As de Mann sick nu vermüntert, seggt sei: »Dat ist man god, dat du utslapen hest. Ick ligg all stunnenlang mit apen Ogen. Ick heww 'n ganz bösen Drom hatt.« Un vertellt em jo nu von de Dodenhand un so.

»Süll dat ok woll wat anners wäsen?« seggt Vadder Witt un langt na Fru von der Laube ehren Haben up de Finsterbänk. »Dat is wieder nicks wäst as Fru von der Laube«, seggt hei, »dei is woll wedder unner-wägens un is di oewer dat Gesicht krapen«. – As de Wind is de Fru ut dat Bedd un fangt nu an allens aw-tausäuken. Fru von der Laube is nich tau finnen. Mudder Witt söcht all de Gardinen nah, all de välen Blomenpött up de Finsterbänk, sei söcht dat Tüg nah, wat dor an de Wand hängt, sei nimmt de Biller von de

Wand. Fru von der Laube is weg und bliwt weg. Mudder Witt stellt ehr Bett aw. Nicks tau finnen. Vadder Witt sitt ganz bedeppert in sien Bedd. De Fru fangt an tau schellen. Fru von der Laube meld't sick narrens. »Sei kann un kann hier doch nich rutkamen? Sei möt hier doch jichtens wur tau finnen sien«, schriet de Fru, »un wenn ick mi dot säuken sall, her möt sei!« –

»Wat hest du di üm so'n oll Ding. Lat dat Diert doch reisen, wurhen dat will«, seggt de Mann, »ick griep di ein Loffröschen wedder!«

Fru Witt will sick abslut nich begöschen laten. Tauletzt kümmt sei dormit rut. Sei hett so'n Angst, seggt sei, dat Loffröschen kann dat würklich wäst sien, wat ehr oewer dat Gesicht krapen is, as sei so dröömt hett. Sei hett jo ümmer den Mund wiet up, wenn sei slapen deit. Wenn sei Fru von der Laube man nich oewerslaken hett!

»Du büst so still, Heinrich«, schriet de Fru, »du weißt wat!«

Sei müßt jo ehren Heinrich nich kennen. Heinrich wüßt würklich wat. Oewer dor wull hei nich mit rut. Un hei harr ok Grund dortau. Hei wier 'n heil goden Kierl, dei sien Fru allens ut den Weg rümen deer, wat hei man künn, un dei mit ehr eins worden wier in all de Johren. Oewer hier harr hei jo woll würklich wat verseihn tüschen Slapen un Waken. Dat künn sien leiw Fru verkihrt verstahn, wenn hei dat vertellen deer. Noch wull hei sick oewer nich geben. Hei hett sick dorüm hart maakt, un hett seggt: »Ick begriep di nich, Mudder. Wi willen nu mal dat Allerleegst annähmen, de lütt Pogg harr di oewer dat Gesicht krapen un du harrst sei nu in'n Slap oewerslaken, denn is dat doch ok nich tau'n Dotblieben. Du kannst dor nicks vör. Un ick weit man, mien Vadder hett mi dat oft vertellt, de Franzosen, dei hier in Gefangenschaft wieren, dei hewwen mit Leidenschaft Poggen gräpen un äten, un dat is ehr god bikamen ...«

Dodenwitt sehg Mudder Witt ut. »Dit is jo'n schönen Trost«, seggt sei. »Ick bün doch kein Franzos'? Mi is dat schrecklich tau, un du maakst hier Witzen?« –

Dunn geew Vadder Witt sick en Ruck un säd: »Wat is, dat is. Dat möt 'n dann oewer ok seggen, wenn 'n ok weiten deit, dat 'n in Druck kümmt. Wat weit ick dorvon. Ick künn einen Stot oewer Nacht ok nich slapen. De Maandschien spält bi mi up dat Bedd. Un midden in den Maandschien seet uns' Fru von der Laube. Aw un an maakte sei so'n lütten Hupp. Ick heww woll'n Stundn tautäken. Du hest still up de Rügg lägen un den Mund up. Un denn heww ick noch dacht: Wenn dat Ding doch 'n Stundn so wieder marschiert, denn geit dat nich god, den versüppt dat. Na, ick will woll uppassen, dat dat nich so wiet kamen deit.«

»Un dunn?«

»Dunn bün ick dor doch oewer tauslapen. Dor hett'n jo kein Macht oewer. Dat kümmt ganz unverwohrens. Wenn dor nu wat passiert is, denn heww ick schuld. As ümmer.« »Stah furts up«, seggt Mudder Witt, »ick legg mi wedder hen. Ick will 'n Dokter!« –

»Wer kann gegen Gott un de Fru un den Adebor?« dacht Vadder Witt, un dunn fohrt hei rut ut dat Bedd un in de Tüffel. Un dunn – fangt hei an tau lachen, lurhals an tau lachen.

»Nu büst du woll ganz verrückt worden«, seggt Mudder Witt, kolt as Ies.

»Ne, Mudder«, seggt hei, un de Tranen lopen den prächtigen Ollen de Backen dal, »ne, Mudder, hier in mienen Tüffel sitt uns' Fru von der Laube.«

Lütt beten strieden

»Wenn twei Spitzboben sick strieden, denn kriggt de Buer sien Kauh wedder«, seggt en oll Wuurt. »Bi'n Strieden kümmt nicks rut«, seggt de ein. De anner oewer seggt: »So lang'n strieden deit, kann'n ok noch rechtkriegen.«

Jungs kriegen sick jo alle Ogenblick dat Strieden: »Kumm her, wenn du wat wist!« Bi grot Lüd is dat meist leeger. En heil lustig Stried is oewer vör väle Johren mal in Rostock passiert. Dat güng so tau: Von'n Niegen Markt her un aewer'n Schill keem de jung'n Grotkopmann Sowieso in sienen Kutschwagen. As hei nu de Kronenstrat dalführen deit, dunn is von unnen tau, von de Fischbänk her, oll Korkenführer Lang'n mit sien Fuhrwark ok all in de Kronenstrat rinarbeit't. Ungefihr in de Midd kieken sick de Pierd in de Ogen. Vörbiführen geiht nich. »Sei möten trüggführen, Lang'n«, seggt de Kopmann, »ick bün hier tauierst in de Strat wäst«. – »Vertellen Sei hier nich von den groten Christoffer un hewwen den lütten nich seihn«, seggt oll Lang'n, »ick bün ihrer in de Strat wäst. Sei möten trüggführen!« – Sei mäten dat ut. Den

92

Kopmann sien Pierd stahn twei Fot wieder in de Strat rin as Lang'n sien. »Kunststück«, seggt Lang'n, »hei führt mit'n Kutschwagen un bargdal! Ick mit mienen Kastenwagen bün bargan führt. Dor sall ick woll länger tau bruken. Ick kor nich trügg!«

»Glöwen Sei denn, Lang'n, dat ick vör Sei trügg- führen süll? Dor koenen Sei lang'n up luern! För mienetwegen koenen wi hier bet morgenfrüh hollen!«

»För mienetwegen bet oewermorgen! Ick fohr nich trügg!« seggt Lang'n un maakt sick dat gemütlich. Hei leggt sick dor 'n poor Säck an'n Rönnstein hen. »Hier sitt ick as up'n Sofa«, seggt hei. Un nahst halt hei sick de Piep rut un den Tabaksbüdel und stoppt sick ge- mütlich de Piep. »Echten Hollanner«, seggt hei un kickt den Tabak verleiwt an un stoppt em, indem hei mit den Vörgesmack von den echten Smöker jeden Loppen ierst andächtig twischen de Fingerspitzen trechtdrückt, in sienen Blücherkopp. Dorbi makt hei'n Gesicht, as wull hei seggen: »Wenn ick man mien Piep vull Tabak heww, denn will ick hier, wenn't up ankamen deit, anner Johr noch sitten.« Hei lett sick nu ok Tied mit dat Ansticken. Langsam kriggt hei de Swewelstickenschachtel vör'n Dag, lett einen Riet- sticken doran glöben un noch einen. Un dunn pafft hei los, as wenn so'n lütt Mann backen deit.

De Kopmann lett sick so licht oewer ok nich in dat Buckshuurn jagen. Hei kriggt sick de Zeitung rut un fangt an tau läsen. Dat is in'n Sommer un noch lang'n nich düster. Hei läst Sied nah Sied. Hei läst de ganzen Anzeigen dörch. Vadder Lang'n smökt.

Tauletzt ward Lang'n dat nu gewohr, dat dor rein

nicks mihr för den Kopmann in de Zeitung tau läsen is. »Herring, wur wier dat«, seggt hei, »wenn wi nu mal awwesseln deden? Ick heww de Zeitung noch nich läst, ick gäw Sei de Piep solang'n, wenn Sei mi de Zeitung raewergäben willen.«

De Taukieker lachen. Oewer de Kopmann is abslut kein Spillverlöper un Kattenversöper, hei is dormit inverstahn. Un nu läst Vadder Lang'n sien Zeitung, un de Kopmann stoppt sick bedächtig de Piep, rüwwelt den moygen Tabak jüst so langsam un mit Vörgesmack as ierst Vadder Lang'n, brennt sien Piep an un smökt. Vadder Lang'n studiert de ganzen Sieden dörch. Tauletzt is hei oewer ok farig. »De Zeitung hewwen wi nu all beid läst«, seggt hei, »schad' is, dat Benary sien Abendblatt ingahn 'is, sünst harren wi dat ok noch ümschichtig läsen künnt!«

»Sei sünd een Allerweltskierl, Lang'n«, lacht de Kopmann, »gegen Sei kam ick hüt Abend doch nich an. Ick will man trüggführen!«

Hei zuppt jo nu mit sien Kutsch trügg, un Vadder Lang'n nimmt de Stein von de Räd' weg un kladdert nah sienen Wagen rup. As de beiden Wagens nu naher up'n Schill' Buck an Buck führen deden, sär Vadder Lang'n tau den Kopmann: »Ick hew dat gliek wüßt, dat Sei hier nich mit dörchkamen würden un dat ick dat Spill gewinnen müßt, Herring!« »Dat hewwen Sei wüßt? Dat is doch woll nich richtig!« »Dat is doch klor as Bodder an de Sünn'n, Herring. As ick noch so olt wier as Sei, dunn brenn' ick dor ok noch up, dat ick mit Muddern moeglichst bald tausam kamen ded. Dat ward Sei ok so gahn. Oewer bi mi kümmt dat dor nich so genau up an, ob ick mien Ollsch een poor Stund'n ihrer tau seihn kriegen do! Is dat nich so, Herring? Gut'n Abend ok!« Dor fohrt hei aw. Hei harr wunnen!

Dichthollen

Dat wier in de Tied, as de Rostocker Fischers utkieken deden, ob dat woll all so hart froren harr, dat dat Ies sienen Mann un dat, wat dortau hüren deit, drägen deit. De Fischerkahns wieren jo all solang'n infroren orrer up't Land treckt. Sei koenen de Fisch nich liewern, dei bestellt sünd. Alles ward denn anners, wenn de Fischers ierst weder mit de Wad' fischen koenen. Wenn sei denn Glück hewwen, denn giwt dat ok wedder Geld för de Fisch, un denn is wedder anner Stimmung tau Hus.

Dichthollen un warmhollen möten bi de Iesfische-rei jo de groten Stäwel. Oewer dorvon wull ik nicks vertellen. Wekke Fischer hett woll sien groten Stäwel nich in Ordnung? Un für de groten wullen Strümp, wurmit de Fischerdierns de Fischers so giern fangen, is ok sorgt. Ik will ut'n ganz anner Lock rut. – Jacob Blahn sien Fru, dei up'n Fischerbrook all »von Adam her« sien lütt Hüsung harr, hett mal tau ehren Jacob seggt, as dat wedder mit de Wad' an't Fischen gahn süll: »Jacob, de oll Noetboom von ›Russie‹ hett mi seggt, wenn wi mal 'n ganz groten Häkt harren, oewer 'n ganz groten, hei künn gor nich grot nog sien, den

süll ick em laten. Hei wull mi em ganz extra god bi-
tahlen. Hei harr dor 'n Gesellschaft tau, dei stünn de
Smack dor so up. Wenn ji nu männigmal so'n Häkt
fangen, denn paß up, dat sei di em tauslagen! Nich
bang'n wäsen, Jacob!«

Dat is von Oellers her bi de Rostocker Fischers so
wäst, wenn sei mit de Wad' fischen, denn ward de
Kram deilt. All de Ogen passen jo up, dat keiner tau
kort kamen deit un dat keiner mihr kriggt as de
anner. Oewer wenn dor denn so'n groten Fisch mank
is, den keiner den annern günnen deit, dei ward denn
von den groten Hümpel utscheid't un ward utbaden.
Dat Geld dorför würd denn deilt. Tau de Tiet, wur
diss' Geschicht sick awspälen deed, wieren dor ok
noch so'n groten Dinger in in de Warnow. Dat wier bi
»Gusting«, wur sei de Wad' trecken deeden un wur sei
mank de Plötz un Brassen un Brassenpliten twei so'n
allmächtig Häkt in de Wad' harren. Dei künnen nich
mit den groten Hümpel verdeilt warden, dei müßten
upbaden. warden. Peter Hierundar, de Fischeröllst,
wull all dormit anfangen, dunn säd Nante »mit
den Finger« un höll den Finger, wur hei ümmer so
mit wiesen deed, an sienen Papageiensnabel: »Wi
hewwen Olljohrsabend jo'n god Geschäft maakt, hüt
lett sick dat ok all wedder god an, de beiden Häkt, dor
bün ick vör, dei warden gor nich upbaden. So'n Baas-
kierls hewwen wi noch gor nich hatt un kriegen wi ok
nich wedder, de willen wi allein upfräten. Ji soelt mal
seihn, wenn dei so richtig spickt warden, wur uns dat
Mul schümen ward. Dei smeckt as Matzipan.« – Jacob
Blahn wier dorgegen. Un dat hett gor nich solang'n

duert, dunn hewwen sei dat rut, dat Jacob sien Fru dorachter stäken deer. Nante mit den Finger hett seggt: »Du sast di kein Lüs' in'n Pelz setten, Jacob. De Frugenslüd willen jo ümmer allens weiten, oewer dit bruken sei jo oewerhaupt nich tau weiten. Wi setten einen Abend, willen mal seggen Sünnabendabend, 'n Schütting an, un denn löppt dat Schipp von'n Stapel! Denn Boddersauß un Marressig un gespickten Häkt up den Disch. Dat sall uns mal smecken. De Frugenslüd soelen dor keinen Wind von kriegen. Wi koenen doch woll dichthollen?« Je, sei harren doch woll dichthollen as 'n Säw', wur 'n Lock in is. Dat is en ganz groten Hallo worden den Sünnabendabend. As Peter Hierundar seihn deed, dat de Saak sien Richtigkeit harr, sei all up'n Posten seeten, un de Häkt wier dor un de Boddersauß un de Marressig, jedwerein harr sienen Krauß vull dortau vör sick stahn, dunn hett hei nah oll Wies' up den Disch kloppt un hett seggt: »Nu gäwt Gehür«, un hett 'n Red' hollen, dei man so stah seggen deed, un hett tau'n Sluß sienen Krauß hoch krägen un hett seggt: »Wi sünd Fischers, fischen mit eigen Hand, spiesen Königs un Herren in dat ganze Land, nu willen wi in Einigkeit un in Freud ok mal sülben en goden Fisch äten, wenn de Frugens ok ditmal nicks von weiten. Gott segen de Meisters un den Fischfang!« Hurra! hewwen sei all ropen. Un dunn – je dunn güng sachten de grot Floegeldör in den Fischerschütting ganz wiet up. Dat würd dotstill. Un wat wier dat? Dor seeten all de Fischerfrugens in ehren Sünndagsstaat ok in lange Reigen achter den Disch. Vör ehr protzten ok de groten Fischschötteln

up. Karpen in blau wieren dat un wat för weck! Un Bodderschü un Marressig fählten ok nich. – Un dunn säd Line Blahn, Jacob sien Fru, mit Lachen: »Wat uns' Herrgott tausamenbröcht hett, dat sall de Minsch nich scheiden. So laten wi uns noch lang'n nich kamen, as ji juch dat dacht hewwen! Wenn wi von den drögen Häkt nicks awhewwen soelen, denn äten wi Karpen. Dei lett sick ok äten. Un wur ji henwillt, dor sünd wi Frugens doch all lang'n wäst. Wat wullt ji woll ahn uns Frugenslüd maken? Juch geiht dat as de Kauh, dei is von achtern blind. Ji koent jo nichmal dichthollen. Oewer wi koenen dichthollen. Von uns' Karpenäten hewwt ji nich de geringst Ahnung hatt. Oewer nu man nich langn Uhren kratzen. De Fisch waren kolt. Äten!«

Un Hanning Plötz, den sick de Frugens as Muskanten mitbröcht harren, denn sei wullten doch naher noch en beten danzen, dei treckt sien Handharmonika un spält: »So leben wir, so leben wir, so leb'n wir alle Tage.«

Dat is en ganz vergnögten Abend worden. Oewer Nante mit den Finger hewwen de Frugens doch am meisten hochnahmen. Un wenn de Fischers nu Winters de Wad' trecken un dor is wedder so'n groten Häkt in, denn ward hei utbaden, mit Lachen, denn dat Häktäten von dunntaumal hewwen de Fischers gor nich wedder vergäten.

Hannis Bo-i sien Wihnachten

»Weest Du nich, wur Bo-i wahnt?
Bo-i wahnt in'n Keller.
Wenn hei nicks tau äten kriggt,
spält hei Putschenelle!«

Diss' olle Rostocker Klennervers föllt mi ümmer
wedder in, wenn ick an mienen Chur- und Sanges-
broder Hannis Bo-i denken dau. Hannis wier en
Korkenführerjung von'n Johrer teihn, as dat wedder
mal Wihnachten warden wull, un as hei ünner uns'
Churjungens von St. Jacobi all bannig upfollen wier.
Hei harr nämlich »eine Stimme unter Tausenden«, un
oll Kanter Schramm harr em tau'n Stimmführer in'n
»Alt« maakt. Dat wull wat bedüden, denn dor würden
dunntaumal tau jedwer Fest grot Cantaten instudiert.
So'n twintig Damen und Herren keemen denn regel-
mäßig un süngen mit, fixe Sängers und Sängerinnen,
dei denn ok de Solis süngen. Oh, wat wier dat en fienen
Kram! De grote Kark proppenvull, un müskenstill de
Andächtigen. Un wi föftig Jungens, dei meist en Vier-
teljohr dörch tweemal in de Wäk stramm inexiert
wieren, leeten keen Og' von unsen Kanter. Denn up
uns müßt hei sick verlaten, wi dörften em nich in Stich
laten. Un ganz an de Eck, ja, dor stünn de Aller-
säkerst, stünn dei, dei klockenrein jedwer Not von
sick geew, stünn Hannis Bo-i.

Föftig Rostocker Jungs harren sick dor bi Kanting
Schramm as Chursängers ansammelt. De Bitahlung
deed dat nich. In de iersten Johren geew dat nämlich för

den Sünndag en Sößling, drei Penning, un ierst de »bewährten« Stimmen bröchten dat up söß Penning Daglohn. Verstah, dorför wier tweemal an'n Sünndag Deinst tau daun. Dat wier de Geist, de richtig Churgeist, dei diss' Jungs Johren dörch stramm tausamenhöll. Dor würd würklich sungen. Meister Händel sienen »Messias« tau'n Bispill weet ick hüt noch Not för Not buten Bauk, un dat sünd all mihr as viertig Johren her. De Churgeist leet de Jungs aewer ok noch in anner Ort tausamenhollen.

För den Kanter wier dat ümmer 'ne Angst, de föftig Trabanten bi de Predigt in Rauh tau hollen. Dat is ok gor nich so licht. Wer sick knasch an de Wand henstellt, dei versteiht doch man alle fief Minuten en Wuurt von den Preister. Denn kümmt de Lang'wiel, un denn geiht dat Klaetern und Tüscheln, dat Strieden und Brüden los. Dat is so de Natur von de Sak, un dorüm harr de Kanter nah den Grundsatz »teile und herrsche« dat so inricht't, dat bloots weck von sien Trabanten de Verlöwnis kregen, up dat Chur tau blieben, wieldes de Paster predigen ded.

De annern güngen in de Predigthalfstund'n awwarts orrer bleben in den »Vorhof«, as wi den lütten Vierkantrum döfft harren, dei gliek baben de grot Wendeltrepp in een Hööcht mit dat Orgelchur anleggt wier. Hier stünnen een por Bänken, un hier künnen sick de Jungens ok en Wuurt vertellen, denn duwwelte Dören sorgten dorför, dat de Larm nich in de Kark tau hüren wier.

Gliek achter de Bräd'wand, dei üm dissen Vorhof bugt wier, wier dat Gangwark von de grot Karkenuhr.

101

Harr de Timmermeister dat nu nich ganz genau bire-
kent hatt, orer harr hei Platz gewinnen wullt, wer kann
dat weiten? Genaug, hei harr in de een Bräd'wand
noch en Lock snieden müßt, indem dat de Parpen-
dikeltöller sünst ümmer gegen de Wand ramentert
harr. Nu keek de Rand von de Parpendikelschiew bi
jeden Utslag so jüst dörch dat Lock dörch.

Dat wier de vierte Advent, un hillig Abend wier den
Dag ok. Wenn de hillig Abend up'n Sünndag fallen
deed, denn müßten wi Churjungens dreimal tau Kark.
Morgens, nahmiddags un abends tau Vesper. Un
morgens füng Hannis Bo-i sien Wihnachtsgeschicht
all an. Dat harr de Nacht vörher hart froren. Willem
Riepitsch, Fischer Riepitsch sien jüngst Saehn, dei
so'n Ort Oberhäuptling bi de ganz Sängerschaft wier,
harr de Nahricht bröcht, dat de ganz Warnow dicht
taufroren wier. Langs Hädges Goren höll dat all. So
bald as de Paster up de Kanzel wier, wieren Chur un
Vorhof in Geswinnigkeit as utstorben. Alls stört'te dal
nah de Warnow nah Hädges Goren. Hier güngt an't
Wraken, dat heet: all de Jungs stellen sick in een Rei
up, faten sick fast Hand in Hand, am besten verkrüz,
un denn geiht't in'n Takt vörwarts up dat junge Ies.
Dor kümmt natürlich ball Bewägung in. Hannis Bo-i,
dei dat Wraken tau'n iersten Mal mitmaken deed, seg,
dat dat Ies dicht vör de Jungsreihgen groten hogen
Puckel kreeg. Hei wüßt noch nich, dat dei, dei up
dissen Puckel ruppedd't, ok dörch dat junge Ies
pedden deer.

Hier un dor in de lange Rei bröken weck dörch, man
de faste Ked' reet sei mit un leet sei nich ganz rinne-

plumpsen. En Juchen un Lachen un Freu'n wier't, richtig so wat för Rostocker Jungs!

As nu Hannis Bo-i sien Nahwers Ete Koch un Fite Tetzloff ok dörchpedden deeden, kreeg Hannis dat mit de Angst. Hei störkte mit Gewalt vörwärts, un in'n negsten Ogenblick leegen sei all drei bet an den Hals in't Water.

Na, Willem Riepitsch kreeg doch noch so fix Ordnung in de Gesellschaft, dat wenigstens keen versupen deer. »Nu marsch nah Hus, anner Tüg antrecken!« wier sien Kummando.

Nahmiddags in de Predigttied wull keener wedder mit nah'n Strand'n. Sei seeten all in den »Vörhof« un rad'ten ut, wat sei woll all tau Wihnachten kriegen würden. »Ick krieg ditmal nicks!« säd Hannis Bo-i, »mien Swester Ida will sick verlaben Wihnachten. Dat geiht ditmal vör!« – »Wat kriggt sei denn för'n Brüjam?« frög Willem Riepitsch.

»Oh, dat is so'n Rutsch-üm-de-Eck, so'n Flinkföter von Balbierer, en ganz orndlichen Kierl!«

De Unnerhollungsstoff wier dunn jo woll all worden. Stining Albrecht föll nu de Parpendikelschiew in de Ogen, dei ümmer niegierig dörch de Bräd'wand keek. Hei versöchte dat en pormal vergeews, mit spitz Fingers fix tautaufaten un den Parpendikel fasttauhollen.

»Holl nich de Schiew fast«, säd Korl Huth, »denn steiht dat ganze Wark!« – »Ja, un denn predigt de Pastor bet morgen früh in eenschentau«, säd Willem Riepitsch, »denn dei seggt nich ihrer Amen, as bet de Wieser von de grot Klock unner dat Chur up half steiht.

Mien Broder Korl hett de Schiew mal fasthollen, un donn hett de Paster annerthalf Stund'n predigt.«

Een Wurt geew dat anner. Tauletzt wieren sei so wiet, dat sei dat mal versäuken wullten, wat de Paster ok ditmal sien Predigt in de Läng' trecken würd, wenn de Klock abslut nich half warden wull.

Un dat duurt ok nich lang, dunn harren sei de Schiew fat't. Willem Riepitsch harr grad Hannis Bo-i anbödd't, dat hei de Schiew nu ok richtig in dat Vierkantlock fastkielen deed, dunn – keem de Kanter, un dunn geew dat dor 'ne Batterie Baxen, dei bannig knasch explodieren deeden.

Ok Hannis Bo-i wier nich tau knapp bedacht: »Auch du? Hannis, das hätte ich nicht von dir erwartet! Du bleibst während der nächsten vier Wochen vorne! Hast du denn gar nicht daran gedacht, daß heute Weihnachten ist? Kann der Weihnachtsmann einem solchen Lümmel etwas bringen?« Dor müßt Hannis lachen. Hei glööwt doch nich mihr an'n Wihnachtsmann! Hei sülwst harr jo de ganze Wäk dörch all jeden Aben de Larw mit de grot rod Snut un den langen witten Bort vörbunnen un in de Lastadie, in de Schüttenstrat un an'n Strand' Wihnachtsmann speelt un de lütten Kinnen grugen maakt.

»Du lachst noch, du Bengel!« säd de Kanter. »Du verdienst ja, daß du nicht ein Stück zu Weihnachten bekommst!«

»Ick krieg ditmal ok gor nicks!« säg Hannis benaut.

»Warum nicht?«

»Mien Swester Ida hett Wihnachten Verlawung, dat kost't väl Geld, hett mien Mudder seggt, un nu

104

müßten wi vernünftig sien, ditmal künn dat för uns annern Gören nicks tau Wihnachten gäben.«

De Kark wier in de Wihnachtsvesper – so as ümmer – heil god besöcht. De Gemeind' föölte nicks von de Küll – dei dunn noch Winterdag den Karkenbesök tau 'ne Plag' maken deed, denn Karkenheizung geew dat noch nich – sie wier warm in den Gedanken an de grote Herrgottsleiw, dei wedder mal an'n Hilligabend apenbor wür.

Jedwereenen wier dat Wuurt, dat de Paster sick as Text wählt harr, een warm Dauk, mit dat hei tauletzt all sienen Irdenjammer taudecken wull. »Um den Abend wird es Licht sein!« En prächtig Wurt. Ok för de Jungens, dei natürlich an den Abend unnern Dannenbom dachten, dei sick naher in ehren Hus' awspeelen süll. Jeder harr so dat Hart vull söte Dröm', un den Paster sien Würd plütscherten taumeist an de Uhren vörbi.

Hannis Bo-i harr tauierst ok versöcht, wat von de Predigt tau hüren. Aewer ball wier hei doch mit sienen Nawer in 't Flustern un Tuscheln. »Wat schenkst du dienen Broder tau Wihnachten?« harr de Nawer fragt. Dunn harren Hannis sien Ogen lücht't: »Mien Broder Fritz? Dei kriggt viertig Schöttels von mi. Ganz fiene. Kiek mal!«

Un dorbi haalte hei so'n Stücker vier orer fief ut de Büxentasch. De Nawer greep dorna. Hannis maakte 'ne Fust, un nu versöcht de anner, die Fingern eenen nah den annern mit Gewalt lostaumaken, dormit hei an de Schöttels kamen künn. Wenn twei so'n richtig Rostocker Jungs up sowat ehren Klemm setten, denn

105

sitt dor Futt achter. As ut de Pistol schaten flög dorüm ok de een von de Schöttels ut de Fuust un – oh Malür – aewer de Reeling van dat Chur.

Dat müßt 'ne prächtig Ort von Schöttel sien, denn Hannis un de annern Jungs, dei ganz verbas't achteran kieken deeden, dei segen, dat hei nich intweiplatzen deed, as hei unnen in de Kark up de Fliesen ankeem. Ne, de Schöttel mök een Sprung – so hoch, dat hei baben aewer den iersten Kronlüchter wegsetten deed, nehm sick gliek nochmal hoch up und höll nich ihrer wedder mit dat Springen up, bet hei den ganzen Middelgang passiert wier un achter bi Köster Kampferstein antautillern keem.

Geew dat aewer en Upstand in den Kark! De oll Apostel Jakob, dei unner de Kanzel sienen Stand hett un alls in de Kark von dor ut aewerseihn kann, slög de Händ'n aewern Kopp tausam. Moses, dei mit sien beiden Gesetztafeln in sien Nahwerschaft steiht, fohrt sick mit de Hand dörch den Bort un dat leet em so, as wull hei de beiden Tafeln wedder in sienen Törn tweislagen, up de gottvergetnen Jungs ehr Puckels tweislagen. Den Abend keem dat rut, dat de Vagel up dat grot Lutherbild an den Pieler grad aewer de Kanzel keen Swaan is, as de Lüd ümmer säden nah Hussen sien Wohrseggerie: »Jetzt bratet ihr eine Gans, nach mir aber kommt ein Schwan!« Ne, dat wier 'ne Gaus, denn so as dat Ding de Ogen verdreigen deed, as de Schöttel dor vörbisusen deed, dat kriggt keen Swaan nich farig, dat kann alleen de Gaus.

»Hest em fleigen seihn, Meister?« säd sei. »Is di in de dreihunnert Johr, dei wi beid' hier nu all an dissen

106

Pieler hängen, all jichtens mal sowat vörkamen? Orrer hest du ok bloots dorvon h ü ü r t , dat sowat in de Kark midden in de Predigt vörkamen is? Ach, de Welt ward ümmer slichter. So'n Johren as dunn, as Magister Slüter Gotts Wurt un dien Lihr hier nah Rostock bringen deed, kriegen wi woll nich wedder.«

Ok de Paster seeg den Schöttel springen, keek em nah un füng sienen Lex nah 'ne lütt Angstpaus' mit de Würd wedder an: »Vom Himmel hoch, da komm ich her!«

Wildeß wier de Kanter mit Hannis Bo-i un sienen Nahwer all lang'n awfohrt. Na 'n Vörhof. Hier süll Gericht awhollen warden, un de Kanter harr Hannis an beid' Arm fat't un wull em orndlich dörchschüdden. Mit eens aewer leet hei los:

»Du bist ja ganz naß?«

»Ja, Hannis is heute morgen zu Wasser gefallen!« – »Bei's Wraken!« säd een anner.

Un dat duerte nicks, dunn harr de Kanter dat rut, dat de Jungs in de Predigttiet all nah 'n Wraken wäst wieren. Oh, wat geew't 'ne Upregung. »Drei Mann sind eingebrochen«, säd wedder een Ankloener, »bis an'n Hals!«

De oll Herr kreeg rein dat Stillswiegen. »Junge, und heute abend hast du noch das nasse Zeug am Leibe?« frög hei. »Sien Mudder dörft dat nich weiten, dei sleit em de Knaken intwei!« vertellte een von de Jungs.

»Junge, du mußt sofort ins Bett, du bis ja in Lebensgefahr!« säd de Kanter.

»Sien Swester hett em een Hemd un 'ne Diernsbüx gäben un ok Strümp!« bröcht wedder een von de

107

Jungs an. Ja, aewer dat Tüg wier jo von unner bet baben natt. Dat müßt unbedingt von'n Liew. Uemtog hadd Hannis aewer nich. Also geew dat blots een Deil: Furts tau Bett.

De Kanter kreeg denn ok gliek zwei füerfaste Jungs mit Hannis los mit dat Orrer, Hannis nich ihrer frietaugäben, bet hei tau Bett wier.

De beiden harren jo woll nich dichthollen unnerwägens un dat anner Jungs vertellt, wat mit Hannis los wier. Dat duerte dorüm nich solang'n, dunn wier dor all 'ne ganze Schow von Gören achter her, dei süngen:

> »Hannis Bo-i is tau Water foll'n,
> Plumps hett dat seggt!«

Un an Hannis sien Husdör würd de Gesang woll an twintigmal wedderhaalt, so dat Mudder Bo-i ganz genau Bescheid wüßt, wurüm sich dat hanneln deed, as de beiden Baden mit ehren Kamraden in de Döns keemen.

»Hannis süll gliek tau Bett«, harr de Kanter seggt. Ja, wur süllen sei dat maken? De Slapstuw' wier utrümt. Dor würd danzt. Sei fierten Verlawung. Hannis kreeg een poor in'n Knick mit den Anwiesung, hei süll man nah achter gahn. Hei süll sick man up'n Heubaen in 'ne Pierddeck slagen un sich denn man deep in't Heu rinmusseln.

Hannis sien Vadder was, as ick all seggt heww, Korkenführer. Hei harr een Pierd, dat hei in sienen Hushof in een Stall unnerstellt harr, dei früher 'ne Waschkoek wäst wier. Baben den Stall wier een lütten Baen, wur Bo-i sien Heu un Stroh verstauen deed. Hier

108

stünn ok en groten Kuffer, dei früher woll as Linnen-
kuffer deint harr. Nu wier dor Hackels in. Na dissen
Baen klatterte Hannis in grugelig Fohrt rup. Een,
twei, drei harr hei dat Tüg von'n Liew, harr sick in een
von de Pierddecken wickelt un dunn – was dat Angst,
dat sien Mudder em doch noch awreifen würd? –
kladdert hei nah den groten Hackelskuffer rinne, den
Slaetel nehm hei mit na binnen, haalt den runnen
Deckel raewer, leet den Kuffer tausnappen un nusselt
sick deep in den Hackels rin.

Kanter Schramm güng vull Unrauh up dat Chur hen
un her. Hei was falsch. Wenn de Jung krank würd, un
dat würd frot in de Stadt, dat de Churjungs in de
Predigt nah 'n Wraken wäst wieren, denn geew dat
wedder 'ne Klaeterie in de Stadt, just so as dunn, as
Pötter Klemm ut'n Katthagen woll an twintig Chur-
jungs an'n Sünndagmorgen ut sienen Appelbom haalt
har. Von all de välen Male gor nich tau reden, wur
»Johann mit de Hark« de Jungs up den »Groten
Wall« in de Beerböm fat't krägen harr.

Un de Paster wür wägen den Schöttel, den de
spelerigen Jungs in de Kark fallen laten harren, ok
säker wedder mit nüdlich Redensorten nich achtern
Barg hollen. »Leiwer kann'n ok en Sack Flöh häuden
as föftig Rostocker Jungs«, süfzt hei. De Kanter keek
nah de Klock. Künn de Paster denn hüt gorkeen End'
finnen? Grad an'n Wihnachtsabend, wur jedwereen
dorup luert, dat de Gottesdeenst tau End'n is, de
Klocken gahn, un de Bescherung losgahn sall?

Uemmer wedder nehm de Paster een niegen Anlop.
Wat harr hei blots? Hei wier doch sünst nich so?

110

Donn seeg de Kanter, dat de Paster so halfwägs nah de grot Klock unner dat Chur schulen deed, un – nu föll Kanting aewer wat in. As de Wind störkte hei nah den Vörhof, de Rockslippen stünnen piel in de Wind achter em. Richtig: De Parpendikel wier noch fast-kielt. Sei harren ierst in de Fohrt gor nich doran dacht, em lostaumaken. Dunn harr eener den goden Kanter fluchen hüren künnt, wenn hei nipp tauhüürt harr, as hei de Kiels wegreet. Güng denn hüt allens verqueer un verdwars? »Wer kümmt denn nu, wur de Kark binah ut is, noch de Trepp rup?« knurrt hei. Aewer ball wier idel Sünnenschien up sien Gesicht, dor keem de lütt Fru Perfesser Soundso, sien best Solistin. Sei wier 'ne Sängerin von Gottes Gnaden, de ganze Kark klüng mit, wenn sei ehr Arien so rein as 'ne Klock von fiensten Kristall anstimmen deer, un so vull, as harr s' 'ne Nachtigallenkähl. Un nienich in all de Johren harr de lütt Fru Perfesser awseggt un den Kanter sitten laten. Uemmer wier sei up den Posten un süng, ja, as wenn Engel singen.

Nah Hannis Bo-i fróg de Sängerin. »Nach dem köstlichen Jungen, der so fest seinen Alt singt.« Sei harr em en beten Wäsch neiht, een por Strümp stricht. »Sehn Sie, drei Paar!«, un Snieder Malchow harr ut den Herrn Perfesser sienen ollen Aewertrecker un sienen ollen Antog för Hannis en fienen, warmen Sackrock maakt un en moygen niegen Antog, ja, sogor noch 'ne Baschlickmütz wier dorbi awfollen. De Herr Perfesser harr noch en Poor Strippstäwel dortau köfft, so dat Hannis von Kopp bet tau Fäuten nie utstaffiert wier.

Nu müßt de Kanter jo vertellen, wat dor passiert wier, un fief Minuten later wier hei all mit de Fru Perfesser unnerwägens nah de Lastadie. De Upsicht oewer de Jungens müßt de Organist för den Rest von den Abend aewernähmen. De Deinstdiern drög den Korf ahn Murren wieder, ehr maakte de Sak Spaß. Vadder Bo-i speelte de Treckfidel. Hei harr dat Ding bi de Uhren: »Fischerin, du kleine«, un de Gesellschaft wier fix bi't Schrägeln un Eckenutfegen, denn dunntaumal müßt sick een Danzer dat noch suer warden laten. Hüttaudags kümmt eenen so'n Danzeri jo gor nich mihr an'n Liew. Wi harren mihr Sweit dorbi laten müßt!

Dat geew jo nu 'ne grot Uprägung. »Wur is de Jung?« mit den Bischeid »Hannis is all tau Bett!« wull sick de Perfessersch nich dalgäben. Dat duerte nich solang'n, dunn wieren sei all unnerwägens nah'n Pierdstall un Heubaen.

As sei neger keemen, hürten sei singen, dat klüng, as wiert in wiede Fiern:

>   »Denn Gott der Herr regiert allmächtig,
>   Von nun an
>   Auf ewig.
>   Halleluja! Halleluja!
>   Ja, er regiert von nun an auf ewig!
>   Hal-de-Luft-an! Treck-de-Büx-stramm!«

»Das ist er«, säd de Fru Perfesser, »wie reizend, er singt eine Stelle aus Händels Messias.«

»Ja, das ist er!« säd de Kanter, den dat »Hal-de-Luft-an« in de Uhren follen wier. »Also hei is dat, dei dor ümmer in den Text muscheln deit? Na, kumm du mi man wedder an't Brett!« dacht hei.

Villicht hett de Fru Perfesser Hannis Bo-i dat Leben redd't. Hannis harr all markt, dat em de Luft in den Kuffer up de Duer doch woll knapp warden wür. Dorüm harr hei sungen.

Sei müßten nu mit de Äx een Lock in den Deckel haugen, wur Hannis den Slaetel rutlangen deed.

»Ditt harr jo en dull Stück warden künnt«, säd de Kanter, »up'n Fischerbrook is mal en Jung stickt, dei ok in so'n Kuffer krapen is und just so as Hannis den Slaetel mit rinnahmen harr.«

Bi Hannis aerwer füng dat Leben nu ierst an. Em künn de Winter nu nicks mihr daun, dor harr Fru Perfesser för sorgt. Dat best aewer, wat ok noch in den Korf lägen harr, dat wier 'ne richtige Querfläut, nich so'n Jungsdings, nee, een prächtig Instrument. Hannis leet dat Dings nich ut de Fingern, un abends güng hei dormit tau Bett. Un alls, wat hei in de Kark singen hürte, alls wat hei hüren deed, wenn hei in de Vörstadt abends stunnenlang aewer dat Gitter von de Vörgorens bi de Hüser hängen deed, wur Klavier spält würd, dat müßt em de Fläut weddervertellen.

De lütt Fru Perfesser aewer hatt sick verfiert aewer den Jammer, den sei an dissen Christabend bi ehren Fründ Hannis tau seihn kregen hett. »Aus Dunkel zu den Sternen!« säd sei tau den Kanter, »dieser Junge, in dem ganz gewiß ein wackerer Musikante steckt, ist uns heut auf die Seele gebunden. Helfen wir ihm die Wege ebnen!«

Dat hewwen de beiden ok ihrlich dan, un Hannis

brukt hüt nich mihr aewer de Vörgorengitters tau hängen und hungrig up de Musik ut de groten Hüser tau horken. Hei steiht hüt sülft up't Podium, un de Tauhürers kaenen nich genog von em kriegen.

Wenn dat Wihnachten ward, denn föllt em ümmer noch wedder de Wihnachtsabend in, an den hei so gor keen Utsichten harr, jichtens wat tau kriegen, un an den hei so väl kriegen deed, as de Wihnachtsmann so'n armen Korkenführerjung, dei för de Kunst buren is, man bringen kann.

De ierste Sledenfohrt

Je, dat sünd nu ok all ball föftig Johr her, as ick mienen iersten Sleden kreeg. Tau Wihnachten. Unkel Hinnik keem dormit an. 't wier en bannig fienen Sleden, harr sien richtig drei Schameln un keen Sneischänen. »O, Unkel«, säd ick, »dei hett jo richtig Iesschänen?« – »Na, will 'n man nich leegen, Willem«, säd Unkel Hinnik, »half Ies, half Snee, dat sünd för de Jungs de besten. Szüh, dor kannst du in'n Snei mit führen un kannst du up 'n Ies' mit peiken, ümmer för de Fahn. Will'n mal hengahn un gliek de Grapengeiterstrat mal dalsusen, is feine Bahn, Willem!«

»Na, snack du den Jung man wat vör«, säd mien Mudder, »hei döft jo gor nich mihr rut, de Gaslatern' sünd all an.«

»Ja, wenn Unkel mit dorbi is, denn dörf ick, denn schellt Vadder nich.«

114

»Sien Vadder kann nu bald kamen, un denn will'n wi den Dannbom ansticken«, säd mien Mudder.

»Vadder kümmt noch lang'n nich«, säd ick. »Unkel Möller säd ierst, sei wieren ierst bet Bramow, un twee Stund'n harren sei noch god to don, bet sei den Damper an de Stadt ies't hewwen«, säd Unkel, »dat Fohrwater is dick tofroren.«

»Je, denn kaenen wi jo god noch mal de Strat dalstüern«, säd Unkel Hinnik un plinkt mi tau, »dat künnst du ok dorbi don, Willem. Ick heww di so'n fienen Sleden makt. Eenmal künnst du mi doch woll dalstüern!«

Na, Mudders hewwen jo Wihnachtsabend ümmer noch Heemlichkeiten, ick weet nich, ob mien Mudder mi giern noch en Ogenblick lossien wull. Sei säd aewer ja.

Ick also mit de ganze Wichtigkeit von mien saeben Johr rut. Un Unkel mit den Sleden un sienen Hasenpot, den hei ümmer in de Tasch hadd, achter mi an.

›Hal een, hal twee, hal drei‹ harr ick den Sleden de Grapengeiterstrat ruptreckt. Dat wier heil fiene Sledenbahn. Man Jungens un Sledens wieren upstäd's nich dor. Dei wieren nu all bi un süngen »O Tannenbaum« un »O du fröhliche«. »Sti-i-lle Nacht« hürt ick dor bi Smid Tetzloff singen. Dat wier Robert sien Stimm. Ob hei woll wedder dor bi de Pump bi Discher Blohm vör de Dör en Sticken twischen klemmt harr? Ja, richtig, kiek, de ganze Middenstrat wier blank von Water. Wenn dat so aewer nacht wiederlopen deed un in den Snee rinfrieren deed, denn müßt dat morgen aewer gnastern mit de Sledens. Junge, denn wull ick

115

mit mienen eigen Dreeschameligen dor aewer dalkitschen! Bet dicht vör Vadder Kleenhamel sienen Timmerschuppen würd ick gewiß kamen, viellicht aewer ok bet an de Madenkist, dei dunn noch twischen de Schippsbustäden frie wier.

Nu wieren wi beid baben in de Strat, an de Eck von de Langstrat, wur dunn noch Kopmann Vörbeck wahnen deed. Unkel Hinnik sett'te sick ok richtig vör mi up'n Sleden. »Kannst du ok würklich all stüern?« säd hei.

»Ja«, säd ick, »ick kann blots nicks seihn, Unkel.« »Ach so, dor heww'k wedder nich an dacht, ne, Glaser is mien Vadder nich weest, dörchsichtig bün ick nich. Ne, Willem, denn ward dat nicks. Kiek mal, en Stüermann, dei nich kieken kann, dat's gor keen Stüermann. Bi den wull ick to'n wenigsten nich as Passajier an Burd«. Un dorbi stünn hei wedder up von den Sleden.

»Je Unkel, denn möst du achter sitten«, säd ick trurig, denn wenn ick mienen Sleden nich stüern künn, denn wier dat man en half Vergnögen.

»Ne«, säd Unkel Hinnik, »achter sett ick mi nich hen, denn bün ick jo de Schipper. Wenn denn de Putsch kümmt, denn schriwwt hei mi an, un denn kann ick wurmoeglich Wihnachten in't Lock sitten. Ne, dat is dien Sleden, un achter an't Roder möst du sitten.«

Na, hei hannelt noch en tiedlang mit mi rüm. Toletzt würd awmakt, ick süll den Sleden ierst mal alleen dalstüern. Unkel wull bianlopen un tokieken, wur moy ick all dormit farig warden deed.

Toierst güng dat denn jo ok ganz ebendrächtig.

116

Unkel könn ganz god mitkamen. As de Sleden aewer Discher Blohm un de Pump passiert wier, dei Robert Tetzloff unner sien regelmäßig Upsicht nahmen harr, dunn keem hei in'n Schuß. Ick harr naug to don, dat ick man Blansierung bihöll. Junge, wur gnasterte hei dor dal! Een grotes Glück, dat dor keen Minschen up de Straat wieren. Stoppen harr ick nich künnt ... Herrgott, wat wier dat? Dor güng jo bi oll Peter Blank, dei an de Eck von de Lastadie wahnen deed, de Husdör apen! Dor keem en Kierl rut. En Pullizei. Güng dwaß aewer de Straat. »Szida, holt Bahn! Szida, holt Bahn!« schriegt ick, wat ick künn. Hei stüerte sienen Kurs ebendrächtig wieder.

»Szida, holt Bahn«, schriegt ick in Dodesangst tau'n drüdden Mal. Man donn fohrt ick em mit mienen Sleden ok all an de Schänen, dat hei lud upschriegen deer.

Nu keem wat ganz Fürchterliches. De Pullizei föll up mienen Sleden, kreeg em aewer gliek stoppt. Hei säd keen Wuurt, nehm den Sleden, kreeg em hoch, baben aewer sienen Kopp. De Ogen rullten. Ick denk: »Nu sleiht hei di mit dienen Sleden dot!« un fang fürchterlich an tau schriegen. In den negsten Ogenblick harr ick keenen Sleden mihr. In sien Wut harr de Kierl em mit alle Kraft von baben up de Strat smeten, un dor legen nu de Stücken.

Nu güng de Dör bi Peter Blank wedder up. Oll Peter un sien beiden Döchder stünnen in de Dör un wullten seihn, wat dor passiert wier. Un twischen ehr dörch fohrte de grot Box, un ihrer ick mi verseihn deed, harr hei mi hinnen in mien niege Büx un halte sick dor

117

so'n gadlichen Flicken rut. Ick dacht: »Nu 'st ganz vörbi«, un schriegte, as wenn en Swien slacht warden süll.

Nu geew dat jo 'ne grote Stratengeschicht'. All de Husdören güngen up un ut all de Finstern in de Nahwerschaft keken wek rut. Ok Unkel Hinnik stünn nu jo all lang'n in den Hümpel Minschen. Hei säd aewer nich väl, sammelte de Stücken von den Sleden, de Peik un mi wedder up, un leet de Lüd ratslagen, wat dor passiert wier.

Sei sünd dor ierst ganz bi lütten achter kamen. De Pullizei wier falsch west, dat just hei hüt abend wedder Deinst harr un nich bi Gite Blancken den Wihnachterabend taubringen künn. Dunn harr em de Sleden an de Schänen fohrt. Nu wier't Mat vull wäst. Hei wier en heitblödigen Kierl, un dunn harr de Sleden doran glöben müßt.

Dat hei mi dormit mien eenzigste Wihnachtsfreud intweismieten deed, dat wier em nich in'n Sinn kamen.

Unkel Hinnik peeste denn nu eben mit mi aw. »Si man still, Willem, ick mak di en niegen Sleden wedder. Hei sall noch drei Toll länger warden. De Schamels, dei wieren doch en beten dicht tausam. Un kiek, de Schänen, dei sünd noch ganz heil bleben. Dat is Smädisen, datt hett hei doch nich intwei kregen.«

»Ja, aewer Unkel, mien Büx. Mudder haut mi, Mudder haut mi!« »Ach wat, dat mit de Büx, dat seggen wi ierst noch gor nich nah. Sett di man still up dienen Stohl, denn süht dat jo keener. Un so bi lütten, denn bring' ick Mudding dat bi.« Na, Kinner laten sick licht begäuschen. Ick mök dat richtig so, as Unkel

118

Hinnik mi dat anschünt harr. As nahst de Dannenboom anstickt würd', dunn harr ick mienen Büxenschaden öfter all en Ogenblick vergeten.

Nu keem de Wihnachtsmann. Dreimal kloppt hei an de Dör: »Können die Kinder auch beten?«

Ja, beden künnen wi all beid, mien Broder Hans un ick ok. Na, denn süllen wi jo ok unsen Töller von den Wihnachtsmann awhalen, dei de Stubendör so'n beten up de Ritz upmakt harr. Ick wull grad mienen Töller awlangen, dunn frög de Wihnachtsmann: »Büst du ok wedder aewer de Bustädt kladdert? Hest du ok wedder een Teerplacken in de niege Büx?«

Nu würden Vadder un Mudder denn jo nah de bewußt Stell up mien Achtersied henkieken. Ihrer ick mi aewer noch in mienen Schreck besinnen deed, füng buten de Wihnachtsmann an tau lachen, – up so'n Ort, so künn in ganz Rostock blots mien Unkel Hinnik lachen. Mien Gesicht hett jo woll tau unglücklich utseihn, dorüm füng ok mien Vadder an tau lachen, un Mudder würd ok dorvon anstickt. Tauletzt hew ick sülwst mitlacht, wenn ok de Tranen mi noch ümmer so runnerkullern deeden.

So geewt für mi tauletzt doch noch fröhliche Wihnachten!

De Dusendmark-Schien

Dat wier in de Tied, as de Inflatschon noch nich so richtig in de Gang wier, oewer sei keem doch all antauslieken. Rentje Jehann Meyer wüßt dor nich recht

120

wat von af. Oewer in de groten Konturen füngen sei all an tau räken. Un de witten und swatten Blotsugers harren dat all raken, dat't wat tau raffen geben wür. Sei köfften allens, wat sei man jichtens fast'tkriegen künnen. Un dei, dei so as Jehann Meyer tau de Dummen hüren deern, dei verköfften, wat sei harren un wunnerten sick oewer dat väle Geld, dat dorbi rutkamen deer. »Jehann«, sär dunn einen Dag Meyer sien Fru tau em, »Jehann, de oll Schriewmaschin' steiht mi ümmer so in'n Wäg'. Hüt morgen heff ick mi bi dat Reinmaken wedder de Finger an dat oll Ding blödig stött. Wat sall dat Ungetüm hier rümstahn? Du brukst de Maschin' gor nich. De Dinger soelen jo upstunns väl Geld kosten, un wi koenen Geld bruken. Sett de Maschin' doch mal in de Zeitung!«

Lütt Miken, wat Vadder Meyer sien Döchding wier un dei bald heiraten wull, würd bannig grell kieken, as sei dat hüren deer. Sei harr soväl Utgiften upstunns, sei mücht dat nich nahseggen. Dat wier jo all dürer worden upstunns, un sei harr in ehr Sporkassenbäuker all bös rümwäuhlt. Wenn Vadder de Schriewmaschin' verköpen deer, denn föll ok för ehr wat dorbi af. Indem sei nu weiten deer, dat Vadder wat langsam an de Arbeit güng, dor ierst ümmer drei Dag' an rümgüng, schreew sei einfach so'n lütt Ding von Anzeig' up un bröcht sei nah de Zeitung.

Nun güng jo dat Lopen los. Tauierst keem de Fru von een'n bekannten Geschäftsmann. »Ne, Fru Biemann«, sär Vadder Meyer, »Sei verköp ick de Maschin' nich. Wat süllen Sei woll von mi denken? Sei weiten ganz genau, dat ick vergangen Johr man tweihunnertföfdig Mark för den Klapperkasten gäben heff. Un dat wieren noch föfdig Mark tauväl. Ick süll sei för den Inkop hebben, harr mien Vörgänger mi vertellt, un nahst heff ick tau weiten krägen, hei hett man tweihunnert Mark för dat Dings geben. Lat den rieken Mann mit de föfdig Mark nah den Schinner lopen, dei em doch noch mal afleddern ward! Nu kosten de Klapperkastens jo väl mihr. Wat süll ick Sei woll dorför afverlangen? Segg ick soebenhunnert-föfdig Mark, Fru Biemann, denn seggen Sei, ick bün'n Halsafsnider, dei tweihunnert Perzent verdeinen will. Un för soebenhunnertföfdig Mark kann ick de Ma-schin' gor nich verköpen. Ick heff mi dat nahfragt, ick krieg noch mihr dorför.«

»Wat helpt dat all?« seggt Fru Biemann, »mien Mann kennt de Maschin', hebben möten wi ein, annerwägens möten wi noch mihr geben, soeben-hunnertföfdig Mark will ick Sei beiden. Un Snack soelen Sei ganz gewiß nich dorvon hebben.« — »Ne, Fru Biemann, dat kann nicks warden. Ick süll mienen Fründ 'ne Maschin' verköpen, för soebenhunnert-föfdig Mark, un ick heff bloots tweehunnertföfdig dorför geben? Ne, dat krieg ick nich farig. Ick sall naher mit Biemann an'n Stammdisch tausamsitten un dorbi ümmer dat Gefäuhl oewer mi krupen laten: ›Schäm' di, Jehann! Mit de Schriewmaschin' hest du em doch bannig oewer dat Uhr hau't?‹ Ne, dat mak ick nich. Hus un Fründschaft möt'n rein hollen, sär mien Vadder ümmer.«

»Na, wat is denn grots dorbi?« sär Fru Biemann. »De Dierer sünd jo nu mal so düer worden. Wi beid'

122

koenen dor nicks an ännern. Von anner Lür kriegen Sie wurmaeglich noch mihr. Dorüm künnen Sei sei mi god laten.«

»Kein Minsch kann gegen sien Gefäuhl«, sär Vadder Meyer, »dor ward am End'n ok kein grot Riten nah den Klapperkasten sien. Willen mal aftäuben, wat mi de Lür beden, Fru Biemann, kamen Sei oewermorgen man mal wedder. Viellicht snacken wi denn dor mal anners oewer.«

»Hü'r mal, Mudder«, sär Vadder Meyer nahst, »wenn mi nich ein 'n ornlich Deil mihr beiden deit, denn sall Fründ Biemann sei för soebenhunnertföfdig Mark hebben. Föddern don wi nu dusend Mark. Un unner nägenhunnert verköpt ji sei nich, wenn ick männigmal nich tau Hus sien süll.«

Dor kemen noch drei, vier den iersten Dag, twei – drei den tweiten. Den drüdden Dag keem gor kein Köper. Mudder Biemann keem ok nich wedder. Bet achthunnertföfdig Mark harr sick ein von de Hannelslüd in de Höchd' baden. Man Vadder Meyer harr em gahn laten. »Sühst du, Mudder«, sär de Oll, »nu sitten wi mit de Maschin'. Nu kannst du sei inpökeln laten orrer an'n Plünnenjuden verköpen. In de Zeitung koenen wi dat nich wedder setten laten, denn hoegt Biemann sick 'n Knupp'n in'n Buuk. All so'n Trödel fangt ji an!« Vadder Meyer leg grad krumm up sien Sofa tausamtreckt un sagte sienen Middagsslap-Lex dörch. Dunn keem Miking in de Stuw' ringestörkt: »Vadder, dor 's en Herr mit de Drosch kamen, dei will de Schriewmaschin' köpen!« – Gliek achter ehr an keem ok all'n jungen Minschen rintaufohren, sett't sick ahn wieder wat an de Maschin' hen un füng furts an dorup tau klappern.

»Was soll die Maschine kosten? Entschließen Sie sich schnell. Ich bin auf der Durchreise. Mein Zug fährt in zwölf Minuten. Der Wagen steht vor der Tür. Drei Minuten habe ich Zeit. Ich nehme die Maschine gleich mit. Viel werde ich nicht daran verdienen. Ich habe die Anzeige im Zuge gelesen und dachte: Da kannst du vielleicht das Reisegeld herausschlagen. – Also: Nennen Sie mir den genauen Preis. Nur ja oder nein gibt es noch. Lange Unterhaltungen sind ausgeschlossen.«

»Je, dusend Mark süll sei kosten.«

»Das kostet sie in Berlin. Das bekomme ich dafür wieder.«

»En nieges Farwband is ok noch dorbi un 'ne Extrawalz. Dei gäw ick tau, wenn Sei mi dusend Mark gäben.«

Na, kort un god: För nägenhunnertföfdig Mark slög Vadder Meyer tau. De Herr bitahlt mit 'n Dusendmark-Schien. Vadder Meyer harr knapp sienen Föfdigmark-Schien rutsöcht, dunn harr de jung'n Minsch Maschin' un Extrawalz un Farwband all unnern Arm. Dat duert kein half Minut, dunn seet hei ok all wedder in de Drosch, un heidi güng de Post.

Nu keemen sei jo all rin. Mudder Meyer un Miking un Miking ehr Brüjam. »Je, Mudder, de Maschin' is weg. Dunnernarren, wat 'n Kierl! Dat wier jo as'n Warbelwind. Nägenhunnertföfdig Mark heff ick krägen. En richtigen Dusendmark-Schien hett mi de Berliner geben! Nanu?« –

124

»Kiek mal«, harr Meyer seggen wullt, oewer hei seeg dodenblaß ut un mummelt: »Wur heff ick denn den Dusendmark-Schien laten?«

Vadder Meyer krempelt sien Breiftasch üm. Dor wier kein Schien in. Hei slöt sienen Schriewdisch apen, wur de lütt Geldkasten stünn. »Heff ick em in Gedanken all wegleggt?« dacht hei. Vadder Meyer grawwelt de Saken up sienen Schriewdisch dörch. Dor wier kein Schien. »Mudder, Miking«, schriegt hei los, »de Kierl hett mi ansmeert. Hei hett den Dusendmark-Schien fix wedder in de Tasch fummelt.«

Miking flög as de Wind ut de Dör, achter de Drosch her. Oewer kein Wagen wier tau seihn. »So'n Bidreigerpack«, schüll Vadder Meyer, »oewer dat schad't mi gor nicks! Dor hett mi de Raffdüwel mal wedder fast't hatt! De Dusendmark-Schien argert mi nich, oewer dat de Kierl noch babenin mien föfdig Mark instäken hett, dei ick rutgeben heff, dat argert mi!«

»Willen wi den nich glick noch nah'n Bahnhof un nah de Polizei?« frög Miking, »viellicht kriegen sei den Kierl noch fast!«

»Ick will leiwer sünst wat«, schriegte Meyer, »sall sick de ganz Stadt oewer mi amüsieren? En grötter Vergnäugen künn ick mien Fründ'n an'n Stammdisch nich maken. Wat Biemann sick woll hoegen würd, wenn hei dit tau weiten kriegen deer! Nicks ward nahseggt! Ick heff dat nich beter verdeint. So'n griesen Esel as ick lett sick von'n Berliner ansmeeren! – Un doch! Ick mein ganz gewiß, ick müßt den Schien glick an de Sied leggt hebben! Dor up'n Schriewdisch hett hei lägen!« Mudder Meyer harr mitdewiel all den

126

ganzen Schriewdisch ümkrempelt. Vadder Meyer beseeg ümmer wedder sien Taschenbauk. Nicks tau finen!

»Armer, gode Vadder! Wur kannst du ok ...!« – »Ja, Vadder, wur kannst du ok!« schriegte oll Meyer. »Sünst sünd ji all drei ümmer achterher, dat juch ok nicks wegkamen deit, un wenn hier nu so'n wild-frömd'n Minschen dörch den Hus' rönnen deit, denn lett sick keiner von juch seihn!«

Mudder Meyer wull nu bikamen un ehren Ollen ok mal so as den Schriewdisch gründlich ümkrempeln, up den dat nu as in Sodom un Gomorrha utseihn deer. Dunn würd de Oll oewer falsch un bölkt: »Rut mit juch! Ick will sülben noch mal in Rauh nahseihn!«

Mit dat Nahseihn hett Vadder Meyer denn ok den Nahmiddag taubröcht. Blatt för Blatt hett hei up sienen Schriewdisch, in den Schriewdisch un in sien Taschenbauk revidiert. Als Abendbrot äten würd, wier dat bannig still bi Disch. De Frugenslür harren de Ogen ganz rot weint, un Vadder Meyer gnurrt: »Mi argern bloots de föfdig Mark, dei ick noch achter-ansmäten heff. Wat de Kierl sick woll hoegt! Dorbi weit ick nich mal, wur hei eigentlich utseihn hett.« Miking ehr Brüjam hett nahst jüst nah Hus gahn wullt. Dunn hürt hei sienen Swiegervadder ropen. Dei Oll seet up den stillen Urt, wur ok de Kaiser tau Fot hengahn möt. »Vater ruft«, seggt de Brüjam tau de Brut, »sage Mutter Bescheid. Vielleicht ist dort kein Papier.«

Vadder Meyer hett mi dat sülwst vertellt: »Ick seet dor un argert mi, dacht an mien goden föfdig Mark, un nu wier dor wedder kein Poppier, kein Notenpoppier! Ick grawwelt nu in de Tasch un krieg ok so'n Stück Poppier rutgrawwelt. Dat fäuhlt sick so ganz eigenorig an. Ick stick mi'n Swewelsticken an. Wat is't? De Dusenmark-Schien! Nu wier hei all tau'n tweiten Mal in Gefohr wäst.« Ick rop also mien Fru un segg: »Mudding, ick heff em!« – »Wen hest du?« fröggt sei ängstlich un denkt: »Nu is em dat jo woll tau Kopp stägen!« – »Den Dusendmark-Schien heff ick«, segg ick. »Ick heff em jowoll hüt middag in de Fohrt in de Büxentasch stäken! Hier is hei. Dor – nu gaht hen un köpt dorför in. Ick will dor nicks von hebben. Blots mien föfdig Mark, dei sast du mi wedder-gäben!«

Nu harr Mudder Meyersch dat jo hild. Den annern morgen furts güng sei mit Miking los, un dunn würd inköfft. Na ja, sößundördig Penning kreeg sei ut ehren Schien wedder rut. Wenn sei oewer dacht harr, de Angst wier all ut, denn wier sei up den Holtweg. De »Linnenkönig« sülben wier an de Kass'. De grawwelt nu an den Schien rüm, höll em gegen dat Licht, bekeek em von vörn un von achtern un klemmt sick tauletzt noch gor 'n Vergrötterungsglas in dat Og'. »Fru Meyer«, sär hei, »von wen'n hebben Sei dissen Schien? Weiten Sei dat viellicht noch?«

»Wurüm meinen Sei dat? Ick heff em von mienen Mann.«

»Je, ick trug den Schien nich. Hei kann echt sien, kann oewer ok nich echt sien. Wenn hei nich echt is, denn hett de Kierl, dei em makt hett, oewer sauber arbeit't. Dit is jo hochintressant. Nehmen S' en Ogen-

128

blick Platz, Fru Meyer, nehmen Sei Platz, Fräulein Meyer! Bitte! Ick spring sülben mal rüm nah de Bank!«

De Kopmann höll sick würklich nich up. Oewer för de beiden Frugenslüd bleew hei doch 'ne halwe Ewigkeit weg. Ehr inzig Gedanken wier: »Wat ward Vadding seggen? Inköfft hebben wi jo nu. Oewer nu geiht dat Schimpen un Schandieren wedder von vörn an. Harr hei sick doch blots nich mit den Berliner inlaten!«

De Schien wier oewer echt. Ehr Angst wier ümsünst wäst. Sei harren dat doch mit'n ihrlichen Berliner tau don hatt. »Snurrig Lür sünd dat oewer doch«, seggt Vadder Meyer, wenn hei dorvon vertellt. »Hest all mal up'n Statschon, wur du twindig Minuten Tied hest, dien Reis'geld up so'n Ort rutslagen?« Vadder Meyer seggt: »Dat harr ick nich farigkrägen, un wenn mi einer dusend Mark tauschenkt harr!«

De Drom

An den Strand'n in Rostock sehg dat man windig ut. Dor, wur sünst in lange Reigen de niegen Scheep up Stapel stünnen un dat von Schippstimmerlüd, Matrosen un Kapteins man so wimmeln deed, wier Dodesgeruch. Wer süll sick in diss Tiet noch 'n höltern Schipp bugen laten? – Dor, wur sünst all dat schöne Buholt för den Schippsbu lagern deed un de Brettsagers ehr Naht treckten, Dag för Dag, wüß nu Gras. – Un wier er bet lang: Von den Snickmannsduer bet tau'n

Mönkeduer, je, wenn dor eener mit 'ne Kanonen-
kugel lange schaten hadd, hei hadd nich eenen Mast
drapen, denn lor leeg an den Haben ok nich een
enziges Schipp. – De oll Kaptein X. keem langs den
Strand'n, keek nah Ost un West, wat de Wind recht
in'n Sinn hadd, un keek den ganzen Haben lang, wur
ok rein gor nicks los wier, un dacht': »Wat is't 'ne
slichte Tiet. Wur sall dat hen?« As hei noch so sime-
lierte, keem dor noch so'n öllerhaften Herrn antau-
gahn, den leet dat wurna, denn hei hadd 'ne sülwern
Krück, dei as so'n Aext getacht wier. Dat was de
Habenmeister, dei all de Schippers, dei nu nich dor
wieren, wenn sei dor wieren, tau kummdüren hadd.
Un wen sei nich Orer parieren wullen, denn künn hei
ehr dat Tauwark kappen. De Aext up den Krück-
stock wier sien Amtsteiken. –

»Na«, seggt de Habenmeister, »Krischan, wat deist
du hier?«

»Je, Habenmeister«, antwurt't sien Fründ Kri-
schan, »ick freu mi, wenn ick seih, wat för'n schönes
Leben du upstäds hest un dat mien Drom von ver-
leden Nacht ball ganz indrapen kann!«

»Na, wat drömte di denn?« fróg de Habenmeister
so'n beten tag, denn hei kennte sienen Fründ. Dei
hadd nämlich meist ümmer den Hasenfaut in de
Tasch.

»Je, mi drömte: Dor, wur sünst all dat Buholt an'n
Strand' liggen ded, dor wüß nu schönes hoges Gras, un
dor güngen luter Schap un würden fett dorbi, un du,
mien leiw Habenmeister, seet'st up eenen von de
Pahls un knüttst Strümp un müßt de Schap häuden,

130

denn es Habenmeister haddst du nicks mihr tau
daun!«

»Verfluchte Kierl!« säd de Habenmeister un schöw
aw. —

Wur de Dumm söcht würd

Mien Fründ Senator Nimm stünn an de Eck von de
Steinstrat up den Niegen Markt. Hei seeg sienen
Fründ Hans aewer den Platz kamen.

»Na«, säd Hans tau em, »wat stehst du denn hier
rüm?«

»Je«, säd Nimm, »ick sök eigentlich 'n Dummen,
dei för mi een Glas echt Bier bitahlen süll, aewer de
Ort is upstunns hellisch knapp. – Na, lat't. Willn man
ierst nah Fründ Bollow gahn un uns een poor Glas in-
schenken laten, viellicht finnen wi den noch, dei dat
bitahlen deit. Kümmst du mit?«

Fründ Hans is denn ok inverstahn, un sei gahn hen
un bestellen gliek twee Glas »Echtes« bi den Ober.
Dat duert nich lang'n, dunn keem ok de Wirt, Herr
Bollow, nah ehr ran. Hei wier grad nich niglich, aewer
hei müggt doch gore girn allens weiten.

»Nanu«, seggt hei tau de beiden, »echtes Bier? un
dat all so früh?«

»Je, oll Fründ«, säd Nimm, »dat seggst du woll. Wi
säuken ok noch den, dei dat bitahlen sall.«

»Dor ward't ji woll kein Glück mit hewwen«, seggt
de Wirt, »denn wer juch kennt, dei köfft juch nicks! –

Aewer mi is ok so. Ober bringen S' mi ok een Glas!«
Un dorbi sett't hei sick bi de beiden hen. Sei vertellen
nu von dit un dat, un dorbi fróg Nimm sienen Fründ so
quanswies': »Segg mal, Hans, hest du nich mal eens
wedder een beten Stauholt? Mien is ball wedder all.«

»I«, denkt Hans, »wur will hei nu hen?« un seggt:
»Je, ick hew grad wedder wat köfft, eenen Faden künn
ick di wull dorvon awlaten. Mihr aewer nich, dat anner
is all verseggt. Dor sünd sei jo ok alltausam achterher.
Dürer is dat ok all wedder worden, aewer drei Daler
för den Faden, dat is jo ümmer noch kein Geld. Un frie
Hus ward dat jo ok noch dorför liewert!«

»Wat is denn dat för Holt, Stauholt?« frögt de Wirt.

»Je, dat kennst du nu wedder nich«, säd Hans, »dat
is Holt, dor ward de Ladung in't Schipp mit faststaut,
dat sei nich hen un her föllt, wenn dat Schipp up See
aewerhal't. So'n Schippsladung möt so fast liggen, dat
sei sick nich rippeln un rögen kann, sünst kriggt dat
Schipp up See licht Schlagsied un kann sogor kapp-
zeisen orer kentern, wenn du dat beter versteihst.«

»Ja«, säd Nimm, »un wenn dat Schipp denn löscht
hett, denn verkófft de Schipper dat Stauholt billig
weg. Mien Fru brukt dat ümmer tau'n Füeranböten,
för drei Daler is dat funnen, sünst kost't de Faden
Dannenholt acht!«

»Dunnerwedder«, seggt de Wirt, »dor nehm ick ok
een poor Faden von, wenn ick sei kriegen kann.«

»Dat deit mi leed«, seggt Hans, »nu is allens all ver-
seggt, un den letzten Faden kriggt Fründ Nimm.«

»Ach«, säd Bollow, »lat mi doch den eenen Faden
kriegen. Mien Fru hett all'n poormal dorvon seggt, dat

dat Dannenholt all ward, un Nimm brukt dat nich so nödig!«

»Dat möst du mit Nimm awmaken«, säd Hans un pedd'te Nimmen up den Faut.

»Je, leiw Bollow, wenn du 'ne Lag' echt Bier bitahlst«, säd de Senator, »denn will ick di den eenen Faden aewerlaten. Denn sall dat dor ditmal nich up ankamen!«

»Dat dau ick«, säd de Wirt, »un hier sünd drei Daler, un denn is de Faden Stauholt mien!« Un dorbi tellte hei dat Geld up den Disch.

Een Tietlang naher frög Nimm so verluren: »Du, Bollow, wur hest du eigentlich dienen Holtstall?«

»Holtstall? Holtstall? Wurrüm meinst du dat? Een Holtstall heww ick nich. Dat Holt liggt unner de Kaek in'n Keller.«

»Je, ick mein man von wegen den Geruch, weißt du. Dat Stauholt stammt von'n Peterleum-Schipp, un dat rückt denn jo selbstverständlich een beten.«

»Rückt? seggst du. Dat stinkt nah Peterleum? Denn kann ick dat Holt nich bruken!« fohrte Bollow nu up. »Dat nehm ick nich! Min Fru is sowieso so empfindlich in de Näs', un Peterleum kann sei aewerhaupt nich rüken. Ne, denn biholl man dien Holt!«

»Föllt mi gor nich in«, seggt nu Nimm, »mien Fru seggt ok ümmer, dat ganze Hus ward dorna stinken. Ne, du hest dat Holt köfft, du hest dat bitahlt, un du kriggst dat ok. Ick nehm dat nich wedder, wenn Fründ Hans dat wedder trüggnimmt, sall mi dat recht sien!«

»Ne«, seggt Hans, »wat köfft is, is köfft, un Bollow kriggt hüt noch dat Holt!«

Nu füng aewer Bollow an tau schimpen un schandieren, un as dat nich helpen wull, an tau bidden: »Nehm't mi dat doch man blots wedder aw. Ick kam jo in Deuwelskaek bi mien Fru!«

Na tauletzt, tauletzt säd Hans: »Je, wenn du noch een Lag utgeben würdst, denn müggt sick doraewer reden laten!«

»Gott si Dank!« säd Bollow, »dat ick von dat Holt wedder awkamen dau. Ober, 'ne Lag Echtes!«

Na, as dei nu utdrunken wier, säden de Fründ'n adschüß. Man in de Dör dreihte sick Nimm noch eens üm un säd: »Na, Bollow, unsen Willen hewwen wi also doch kregen. Wi hewwen richtig eenen funnen, dei dat Bier för uns bitahlen ded. Denn, mien leiw Bollow, dat mit dat Stauholt, dat hewwen wi uns man so utdacht, wi hewwen gor keen Stauholt!«

Kommandant Stramm

De lustig Geschicht von 'ne »ierst Zigarr«.

Unkel Hinnik harr uns beid, mienen Brauder Hans un mi, dorbi fat't kreegen, as wi dat Smäuken studierten. Dat wier gor nich so einfach, denn wenn Unkel am Endn nich dichthollen un unsen Vadder dat vertellen süll, denn geww dat bannig Schacht. »Unkel Hinnik«, säd mien Hansbrauder, »nu mak doch nich so'n Gesicht. Wi hewwen doch nich stahlen un lagen orer süß wat Leegs dan. De annern Jungs in uns' Klass' smäuken all langn!« –

»Is dat denn aewerhaupt so slimm, Unkel Hinnik«, säd ok ick mit 'n beten Trotz in de Stimm, »hest du nich ok as Jung all mal rokt?« –

»Mit dat Smäuken is dat so«, säd Unkel Hinnik, »dor weit ein nie nich, wur de Geschicht mit uphölt. Weck Jungs sünd all bös krank worden bi so'n Unsinn. Mi hett dat oewerhaupt ganz niederträchtig anführt, as ick den iersten Glimmstengel in'n Draww bringen deed.« –

»Wist du uns dat denn nich vertellen, wat du dorbi awlewt hest?« heww ick dunn fragt. Denn Tiet gewunnen, wier am Endn ditmal väl gewunnen. Un dat wier mi ok upfollen, dat Unkel sien Gesicht bi dat Nahdenken aewer sien ierst Zigarr so bi lütten ganz vergnäuglich worden wier. »Vertell uns dat doch«, säd ok Hans, »vielleicht föllt dorbi för uns noch so'n lütt Nuttanwennung bi aw.« –

»Dat versteiht sick«, säd Unkel Hinnik, »wenn ji dat man willen, denn künnt ji ut dissen Kauken prachtvull Nuttenwennungsrosinen pöllen. In sünd dor naug. Also, denn man los: Dat wier dunn, as ick mien iersten Vokabeln in den ollen Odysseus sien Sprak pauken müßt. Mien Vadder, juch Grotvadder, müggt tau un tau giern angeln. Un dorüm reist' hei in'n Sommer giern tau Verhalung nah sienen ollen Schaulkammraden Schramm, dei in 'ne lütt meckelbörgsch Stadt Rentje spälen deed, wur dat rundüm Holt und Water gäben deed un Fisch so väl, dor künn ein nahst dat ganz' Johr von vertellen. Mi harr hei dat

Johr mitnahmen. Hei güng Dag för Dag nah'n Angeln. Ick spält' mit de Jungs in de lütt Stadt. De oll Herr Schramm wier 'n putzlustigen Kierl, dei an uns willen Jungs apenbor sien Freud harr. De Oll würd allgemein ›Kommandant Stramm‹ heiten. Wur dat herkeem, ahnt' ick nich, denn de Oll wier säker früher Ackerbörger west. Sien Saehn, de Vadder von mienen leiwsten Spälkammraden, führte de Landwirtschaft wieder. –

Also, Kommandant Stramm kreeg uns mal dorbi fat't, as wi, sien Enkel Max un ick, uns in't Smäuken äuwten. Wie seeten baben in de grot Lind, dei up den Wirtschaftshof stahn deed. »Dit geiht mi denn doch aewer Kried un Rotstein«, säd de Oll, »Jungs, ji rokt jo, dat süht ut, as wenn de Boom brennt! Dat will ick aewer nich hewwen. Wenn nu ein von juch noch kein twei Büxen anhet un em slecht ward, un hei föllt ut den Boom, hei kann sick jo dat Knick dorbi aw- breken! Na, ick will juch dor woll ut den Boom rut- keschern!« Hei harr gaud rutkeschern, denn wi klad- derten höger un höger. Mi puckert' dat Hart. »Dit geiht keinen gauden Gang, Max«, säd ick, »wenn hei dat mienen Vadder vertellt, dat ick nich hürt heww, schickt dei mi furts nah Muddern trügg. Klagleider mag mien Vadder nich hüren oewer mi«. –

»Wat du denkst, is nich, Hinnik«, seggt Max, »mien Grotvadder is kein Anklaener. Aewer wi möten bannig uppassen, denn hei is kläuker as wi«. –
Dat güng nu noch'n poor Daag so wieder. Nahmiddag för Nahmiddag dreewen wi uns in de Kron von de Lind rüm, smäukten mit Dodesverachtung Glimm-

stengels, un wenn Kommandant Stramm mit sien Vermahnungen keem, steegen wi höger, dat uns kein Bohnenstaken recken künn.

»Kladdern kaent ji jo as de Apen«, säd de Oll einmal nahmiddags von unnen rup, »aewer täuwt man noch 'n lütt halw Stundn, denn will ick juch dat mal wiesen, wur de Apen ut dat Nest fallen«. –

Wat harr de Oll vör, dat hei nu in dat Hus gahn wier? Na, uns künn dat ganz igal sien, denn uns wier de Weg na baben in den ütersten Zopp all so bekannt, un wi harren dor baben en so fienes Verstäk funnen, dat wi uns abslut säker fäulten. Dor kladderten wi denn ut Vörsicht ok hen un luerten up dat, wat dor warren süll.

Mit'n mal wier de lütt dick Kierl wedder dor. Hei drög 'ne blage Uniform un ok en Helm. »Na, wullt ji Murdbrenners von Jungens nu friewillig runkamen un de Zigarren awliewern?« säd hei. Ick wull all lütt bigäben, denn up mi harr de Uniform den Indruck makt, den sei maken süll. Aewer Max harr den Ollen woll all oft in dees' Upmakung seihn, hei röp stolz runn: »Die Garde stirbt, aber sie ergibt sich nicht!« »Willen mal seihn«, säd de Oll. Langsam, bedächtig, stur as so'n lütten König, güng de Oll nah Strat tau, kreeg vor sienen groten bunten Snuwdauk rut un füng dormit an tau winken.

Von'n Karkturm raw klüng nu de grot Klock. »Dat is Füerlarm«, säd Max, »sei hewwen woll 'ne Äuwung. Mien Grotvadder is Kommandant von de Füerwehr.« – »Dat is jo bannig intressant«, säd ick, »dat möten wi uns ankieken.« –

138

»So?« säd Max, »in de Fall willen wi man nich gahn. Denn harr hei uns jo runnlockt, dat will hei jo blots. Ne, wi willen ierst mal seihn, ob wi von hier baben nich ok wat tau seihn kriegen.« –

Dat leet so, as wenn wi gor keinen betern Platz tau'n Taukieken harren finnen künnt. De Sak schient' sich ganz dicht bi uns awtauwickeln. De Sprütt un de Waterwagens keemen anjagt, de Füerwehrlürd stellten sick up, de halw Stadt keem as Taukiekers tausam. De Kommandant höll 'ne kort Instrukschon. »Spritzen- und Leiterprobe«, säd hei. »Sprungtuch bereit halten.«

»Es wird angenommen, die große Linde dort wäre das Rathaus. Der Dachstuhl brennt. Er ist von oben unter Wasser zu setzen!« –

Wat wier dat? Nu wier dat tau lat. Unner uns füngen sei an tau pumpen. Dicht gegen den Boom güng de grot Gerüstlerrer in de Höcht.

De Aten stünn uns still. Wi wagten nich, uns aewerhaupt noch tau rögen. Aewer dunn keem dat Water. Von baben wier dat am End'n uttauhollen west. Aewer de Oll müßt de Ruhrführers heimlich 'n Wink gäben hewwen, denn wenn sick mal en Büxenbodden von uns wiesen deed, denn höllen sei den dicken Strahl direkt dorup. Wi müßten bald schriegen un jämmerlich kaptulieren.

Kommandant Stramm makte en dodiernst Gesicht, as wi runnekeemen: »Da haben wir ja auch gleich die Brandstifter«, säd hei. »Oberfüermann, de Jungens sünd de Zigarren un de Swäwelsticken awtaunehmen!« –

Dat Hohngelach is nich tau beschrieben, as dat nu dörch de Lürd güng. Wi möten ok lustig utseihn hewwen, as wi, natt as de Waterrotten un tau Maud, as harren wi Prenzlau verraden, de Glimmstengels un de Swäwelstickenschachtel awliewern deeden. »Hurrah« hewwen de Lürd brüllt, un de ein Jung säd ganz lud, as hei de Zigarren seihn deed: »Dat sünd von Kopmann Rossen sien, drei Penning dat Stück!« Nu füng ok Kommandant Stramm an tau lachen un säd: »Wer hett nu gewunnen, he?« — — —

»Dat is jo 'ne ganz fermoste Geschicht, Unkel Hinnik«, säd ick, »ut dei kann'n allerhand lihren.«

»So? Un wat denn tau'm Bispill?« —

»Tau'n Bispill, Unkel Hinnik, dat'n sick Kommandant Stramm tau'm Muster nimmt un sick seggt: Anklaent ward nich!« —

An den Leser

Das schriftstellerische Anliegen des Lehrers und Erzählers Wilhelm Schmidt (Pseudonym: Fischerbrook) läßt sich durch die Anfangszeilen seines Gedichtes »De drei Mamsellen« charakterisieren, nämlich: »Ick will juch wat vertellen«. Erzählend wollte er seine Leser unterhalten und dabei das Vergnügen, zugleich aber auch die nachdenkliche Zustimmung dieser Leser erwecken – das war sein größter Wunsch.

Als langjähriger Herausgeber des »Großherzoglich Mecklenburg-Schwerinschen und Mecklenburg-Strelitzschen Kalenders«, der seit 1864 im Wismarer Hinstorff Verlag erschien und in Mecklenburg wegen der Hauptgestalten in der gereimten Anfangsgeschichte »Voß- un Haas-Kalender« genannt wurde, einem »universellen Hausbuch« gewissermaßen, insbesondere für die Landbevölkerung, erreichte er Jahr für Jahr einen festen und relativ großen Leserkreis.

Wilhelm Schmidt wurde am 11. März 1872 als Sohn eines Schiffers in Rostock geboren. Mehrere Jahrzehnte war er in seiner Heimatstadt als Volksschul-

lehrer tätig. Gleichzeitig widmete er sich der platt-
deutschen Sprache und ihrer Pflege mit großem Enga-
gement und aus gründlicher Kenntnis heraus. Ange-
regt und bestärkt wurde er in seinen Bemühungen um
die Bewahrung der Folklore und ihrer Weitergabe
durch seine mehrjährige Freundschaft mit dem meck-
lenburgischen Volkskundler Richard Wossidlo (1869
bis 1939).

Wie jener sammelte Wilhelm Schmidt plattdeutsche
Begriffe, Redewendungen und Sagwörter, notierte
Rätsel, Reime und Schwankhaft-Anekdotisches. Die-
se Materialsammlung kam später seinen eigenen Ge-
dichten und Geschichten zugute. Als Mitbegründer
des Plattdeutschen Vereins für Rostock und Umge-
bung nutzte er sich jede bietende Gelegenheit, aus den
Werken Fritz Reuters und John Brinckmans vorzu-
tragen. Er veröffentlichte eine John-Brinckman-Bio-
graphie (1914) und gab eine Werk-Auswahl dieses
Dichters heraus. Darunter befand sich die erste voll-
ständige Ausgabe der Erzählung »De Generalreeder«
(1918). Die von Adolf Jöhnssen 1905 illustrierte und
von Wilhelm Schmidt herausgeberisch betreute
»romanhaft geweitete« Rostocker Schiffergeschichte
»Kaspar-Ohm un ick« erfreute sich großer Beliebt-
heit, noch nach 1950 erfuhr sie zahlreiche Nach-
auflagen.

Mit Beginn der 20er Jahre trug Schmidt bei Veran-
staltungen mecklenburgischer Heimatvereine auch
aus eigenem Schaffen vor. Die in der Anthologie
»Dünung« enthaltenen mecklenburgischen Schiffer-
märchen und -sagen hat er neu erzählt und in eine

Rahmenhandlung gefaßt. Danach folgten die Sammelbändchen »Hannis Bo-i«, »An'n Strand'n« sowie »Kiek in de Sünn«. Daneben verfaßte er auch einige Bühnenstücke und schrieb für Zeitungen und Zeitschriften.

Hervorzuheben ist die fast vier Jahrzehnte währende Arbeit Wilhelm Schmidts als Herausgeber und Mitarbeiter verschiedener anderer Heimatkalender, beispielsweise des Rostocker »Vagel Grip«-Kalenders.

Viel Zeit verwendete er für seine Arbeit als Vorsitzender des Landesverbandes der plattdeutschen Vereine. Durch diese Tätigkeit wie auch durch eigene schriftstellerische Arbeit erwarb er sich besondere Verdienste um die Pflege des Plattdeutschen. Dafür wurde ihm 1935 der John-Brinckman-Preis verliehen. In der Begründung für diese Ehrung führte Professor Hermann Teuchert aus: »Wilhelm Schmidt ist ein unermüdlicher Sammler der Brinckman-Erinnerungen gewesen, die heute in unserem Museum zu finden sind. Dem Leben und dem Werke Brinckmans hat er seine Arbeit zugewandt ... Und endlich hat er durch schalkhafte Erzählungen viele Menschen erfreut.«[1])

Tatsächlich verstand Wilhelm Schmidt es in überzeugender und gekonnter Weise, unverwechselbare Begebenheiten aus der Rostocker Geschichte (»De Barnstörper Koemkrieg«) wie auch aus dem Alltagsleben der dörflichen Bevölkerung in der plattdeutschen Mundart wiederzugeben. Alle seine Geschichten, ebenso die Voß-un-Haas-Läuschen der Hinstorff'schen Jahreskalender, tragen humoristische Züge. In einzelnen findet sich auch Gesellschaftskritisches. In der Geschichte »Hannis Bo-i sien Wihnachten« beispielsweise werden die sozialen Gegensätze deutlich gezeichnet, worüber die weihnachtliche Stimmung, die hier eingefangen ist, nicht hinwegtäuscht. Im Gegenteil, gerade vor dem Hintergrund des Weihnachtsabends wird die Armut des hochmusikalischen Jungen Hannes, Sohn eines Rostocker Arbeiters, besonders erkennbar. Der harmonische Ausgang der Geschichte kennzeichnet das Schicksal des Knaben als etwas Außergewöhnliches und hinterläßt keinen Zweifel, daß die sozialen Mißstände durch die Mildtätigkeit einzelner Persönlichkeiten generell nicht zu beheben sind.

Unverhüllter Zeitbezug wird in der in der Inflationszeit spielenden Erzählung »De Dusendmarkschien« ersichtlich. Die weitverbreitete Naivität und gleichzeitig unangebrachte Redlichkeit sowie die Ohnmacht, mit der viele Werktätige und Teile des Kleinbürgertums dieser wirtschaftlichen Entwicklung gegenüberstanden, wird mittels einer familiären Begebenheit gezeigt – man ist nicht bereit, ehrliche Arbeit durch Spekulantentum zu ersetzen. Der Konflikt wird dennoch auf humorige Weise gelöst. Der damalige Leser konnte auf Grund eigener Erfahrungen ergänzen, daß ein derartiger Schluß nur Zufall sein konnte, also nichts Typisches war.

Kulturgeschichtlich interessant ist die Geschichte »Dichthollen«, in der der Leser erfährt, wie die Rostocker Fischer zur Winterszeit »in Kommün« fischten, den Ertrag teilten – und wie sie gemeinsam feierten. Diese Erzählung ist auch vom Aufbau her bemerkenswert. Witzig pointiert, wirkt sie fast wie eine Anekdote. Noch stärker anekdotisch komponiert ist die Erzählung »Lütt beten strieden«. Hier zeigt sich die Stärke des Erzählertalents Wilhelm Schmidts ebenso wie sein gekonnter Umgang mit der plattdeutschen Sprache. Erwähnt sei hier als Beispiel die knappe Wendung: »So lang'n strieden deit, kann'n ok noch recht kriegen«. Sie ist das Motto der Geschichte, trägt die Handlung und wird durch eine unerwartete Wendung letztlich aufgehoben: Einer der Kontrahenten gibt nach, das Recht steht auf der Seite des Lebenserfahreneren. Auch hier ein versöhnlicher Ausgang, wo durchaus Handgreiflichkeiten und nun nicht gerade freundliches Verhalten zu erwarten gewesen wären.

Die Schiffermärchen und Seemannssagen erfuhren durch Wilhelm Schmidt Erzählweise eine freundlich-plaudernde sowie pointiertere Note. Heraus ragt das Märchen »Drei Herrlichkeiten«, erschienen 1930 im »Mecklenburg-Schwerinschen und Mecklenburg-Strelitz'schen Kalender«, das mit einer für Märchen ungewohnten, direkt ausgesprochenen Lehre endet: »Ja, Kinner«, säd de König, »dat sünd woll de besten Herrlichkeiten, de en Volk sick wünschen kann. Wenn wi Kahlen hewwen, denn kaenen wi schaffen un warken un riek warden. Wat dat Solt wiert is, würden wi denn wull ierst gewohr warden, wenn uns dat fehlen deed. Un Iesen? Dat möten wi hewwen, dat wi uns wehren kaenen, wenn anner uns wat willen.«

Durch die Plazierung dieser Sentenz am Schluß des Märchens erhält sie zusätzliches Gewicht. Hier über-

springt der Autor die ihn sonst einengenden welt-
anschaulichen Grenzen: er bekennt sich ganz im
Gegensatz zu herrschenden Auffassungen und der
Politik der Weimarer Republik zu einem streitbaren
Humanismus. Hierdurch unterscheidet sich Wilhelm
Schmidt wohltuend von anderen zeitgenössischen
plattdeutschen Mundartdichtern, von Rudolf Tarnow
(1867–1933) beispielsweise. Wilhelm Schmidt for-
mulierte seine Lebenshaltung einmal so:

>>Jeder kann nich König sien,
Steenriek nich un grot.
Aewer god kann jeder sien,
Recht von Harten god!<<[2])

Diese Maxime widerspiegelt sich in den inhaltlich
hervorstechenden Geschichten und Märchen.

Wilhelm Schmidts Schaffen steht in der Tradition
und in der Nachfolge der niederdeutschen Klassiker.
Das betrifft sowohl die Prosa wie auch die Lyrik.
Durch die Verwendung vieler einprägsamer und ori-
gineller Bilder sowie sprichwörtlicher Wendungen
erweist sich Schmidts Plattdeutsch auch für den heuti-
gen Leser als frisch und fesselnd.

Die Voß-un-Haas-Läuschen werden zum Teil von
Situationskomik getragen (>>Plummentiet<<). Andere
enthalten, sofern sie sich nicht (gewissermaßen als
>>Tageslyrik<<) direkt auf politische konkrete Ereig-
nisse beziehen, humorvolle Kritik an menschlichen
Verhaltensweisen (>>De besten Tieden sünd de Mahl-
tieden<<). Ähnlich wie bei den Tierfabeln ist das

Geschehen zumeist ins Tierreich verlegt und ermöglicht so eine deutliche Aussage. Einfacher Strophenbau, regelmäßiger Rhythmus und Endreim, meistens Paarreim, erleichtern es, diese Läuschen zum freien Vortrag rasch auswendig zu lernen. Das Läuschen stellte derzeit eine beliebte Unterhaltung dar, selbst heute noch vermögen sie mit Sicherheit Zustimmung und Beifall hervorzurufen.

Wilhelm Schmidts Döntjes (nacherzählte Begebenheiten), Läuschen, Gedichte und Geschichten besitzen insgesamt einen hohen Unterhaltungswert. Zudem erweisen sich besonders die Geschichten aus der Rostocker Vergangenheit als kultur- und heimatgeschichtlich wertvolle Quellen. Sie heben sich wohltuend von Heimattümelei und Chauvinismus ab, wie sie sich in der Mundartliteratur der zwanziger und dreißiger Jahre häufig offenbaren.

Die vorliegende Auswahl aus dem Werk Wilhelm Schmidts, nach seinem Tod am 15. 5. 1941 wurden nur noch vereinzelt Texte und Gedichte abgedruckt, basiert auf Erstausgaben, die bei Hermann Koch in Rostock und in der Hinstorff'schen Verlagsbuchhandlung erschienen sind, durchgesehen wurden weiterhin alle Kalender, die der Autor von 1904 bis 1941 betreut hat.

Wilhelm Schmidt hat seine Lyrik und Prosa, die in einem Zeitraum von vier Jahrzehnten entstanden ist, in orthographisch unterschiedlicher Weise gestaltet. Diese Eigenheit wurde in dieser Neuausgabe beibehalten, jedoch wurde auf eine einheitliche Schreibweise innerhalb eines jeden Beitrages geachtet.

Ein herzlicher Dank gilt Frau Elisabeth Schmidt, der Tochter Wilhelm Schmidts, die wertvolle Informationen gab und bereitwillig die notwendige Literatur zur Verfügung stellte.

Anna-Margarete Zdrenka

Anmerkungen:

1) Zitiert nach »Rostocker Anzeiger« vom 20. Mai 1941

2) Mündlich übermittelt von Elisabeth Schmidt, Rostock; Februar 1986

Quellenverzeichnis

1. »Dünung«. Schippermärken und Seemannssagen nahvertellt von Wilhelm Schmidt, Rostock
   Waterkant-Bücherei
   Wismar 1919
   Hinstorff'sche Verlagsbuchhandlung
2. »Hannes Bo-i un anner Geschichten« von Wilhelm Schmidt
   Verlag Hermann Koch, Rostock i. Mecklenburg
   Ausgabe 1933
3. »An'n Strand'n« von Wilhelm Schmidt
   Verlag Hermann Koch, Seestadt Rostock,
   2. Auflage, 1937
4. »Kiek in de Sünn« von Wilhelm Schmidt
   Verlag Hermann Koch, Seestadt Rostock,
   3. Auflage, 1941
5. »Grossherzoglich Mecklenburg-Schwerinscher und Mecklenburg-Strelitzscher Kalender« von den Jahren 1904 bis 1931,
   Wismar, Hinstorff'sche Hofbuchhandlung,
   Verlagsconto
6. »Voß-un-Haas-Kalender« von den Jahren 1932 bis 1941,
   Wismar, Hinstorff'sche Hofbuchhandlung,
   Verlagsconto

Außerdem benutzte Literatur:

Gernentz, Hans Joachim: Niederdeutsch – gestern und heute. Rostock 1980

Neumann, Siegfried: Plattdeutsche Schwänke. Aus
  den Sammlungen Richard Wossidlos und seiner
  Zeitgenossen sowie eigenen Aufzeichnungen in
  Mecklenburg. Rostock 1971
Herrmann-Winter, Renate: Kleines plattdeutsches
  Wörterbuch für den mecklenburgisch-vor-
  pommerschen Sprachraum. Rostock 1985
Wossidlo, Richard: Mecklenburgische Volksüber-
  lieferungen. Band IV Kinderreime. Rostock
  1931

Wörterverzeichnis

Anklaenen Verpetzen

anrohren hier: barsch ansprechen

anschünen überreden

anschutern tauschen

Awt Obst

Baschlikmütz eine Mütze, die sich über die Ohren ziehen läßt

bedeppert ratlos, verdutzt

begöschen beruhigen

benaut betrübt

Blücherkopp Pfeife mit dem Bilde Blüchers

Brink Anger, Platz beim Dorf

Couverten Gedecke

Draaplock-Geschichte Scheibenschützen-Latein

Drak Drache

drusen schlummern

Dürten Kosename für Dorothee

Duw Taube

E. E. Rat ein ehrbarer Rat, d. h. Rat der Stadt

fermost famos

frot bekannt

Geldknipp Geldbörse

grall hell, leuchtend, grell

grienen schadenfroh, lächeln

jichtens irgend

Kahl Kohle

kappzeisen kentern, umschlagen

kieben streiten

klabastern lärmen, toben

klaenen schwatzen

Klaewerjaß Kartenspiel

Klür Farbe

Koy Koje

Krauß große Tasse, irdener Krug

Kronenstrat schmalste Steilstraße Rostocks

Lastadie Schiffswerft, ein Straßenname

Lex Lektion

Lu'r Lauer

macklich schön

Maehl Mühle

marachen schwer arbeiten

Metz Messer

Morgenköst Frühstück

in de Möt kamen treffen

moy, moyen schön

narrens nirgends

nährig geizig

nipp genau

Nurmann Norweger

Panschon Pension

Plünnenjuden Altstoffhändler

Plusterschinken in Brotteig gebackener Schinken

Putschenelle Kasper

Prünt Flunsch, schiefes Maul

Rämel unbebauter Streifen Land

Raud Rute, altes deutsches Längenmaß

Roegen Fischrogen, hier: Kraft

Roekerwiemen Räucherboden

Rühr Ofenröhre

Ruten Fensterscheiben

154

Schamel   Sitzgestell eines Schlittens
schandieren   schelten
Schapp   Schrank
Schapskrinten   Schafskot
Schill   Schilde, Straße in Rostock
Schöttel   Murmel
Schow   Schar
smäuken   rauchen
Schütting   Fest einer Zunft
Schüttenbräuder   Angehörige einer Zunft
Stratenlatücht   Straßenlaterne
Strippstäwel   hohe Schaftstiefel mit Lederschlaufe
  am oberen Rand
tag   zäh
tens   am Ende (räumlich)
Tünbüdelkram   Phantasterei
utspinkelieren   auskundschaften
verbast   verdutzt, verwirrt
Verhalung   Erholung
verstahlt   gestählt, hier: erholt
Wad   Zugnetz der Fischer in flachen Gewässern
Waddik un Weihdag   blaß und elend
Wittfru   Witwe

Inhaltsverzeichnis